# 祥瑞动物

【中国民俗文化丛书】

刘魁立　张　旭　主编
于爱成　编著

中国社会出版社

**图书在版编目（CIP）数据**

祥瑞动物/于爱成编著．—北京：中国社会出版社，2006.9
（中国民俗文化丛书/刘魁立，张旭主编）
ISBN 978－7－5087－1353－3

Ⅰ．祥…　Ⅱ．于…　Ⅲ．动物—吉祥物—简介—中国　Ⅵ．K892.29

中国版本图书馆 CIP 数据核字（2007）第 106853 号

**丛 书 名：** 中国民俗文化丛书
**主　　编：** 刘魁立　张　旭
**全案策划：** 李春园
**书　　名：** 祥瑞动物
**编　　著：** 于爱成
**责任编辑：** 李春园
**出版发行：** 中国社会出版社　邮政编码：100032
**通联方法：** 北京市西城区二龙路甲 33 号新龙大厦
电　话：（010）66080300　（010）66083600
（010）66085300　（010）66063678
邮购部：（010）66060275　电传：（010）66051713
编辑室：（010）66060097
**网　　址：** www.shcbs.com.cn
**经　　销：** 各地新华书店
**印刷装订：** 北京市优美印刷有限责任公司
**开　　本：** 155mm×225mm　16 开
**印　　张：** 11.25
**字　　数：** 100 千字
**版　　次：** 2011 年 4 月第 3 版
**印　　次：** 2014 年 9 月第10次印刷
**定　　价：** 19.00 元

# 序

中国民俗学会理事长　　刘魁立

人生活于文化之中，正像人离不开空气一样。《周易》说："观乎天文，以察时变；观乎人文，以化成天下。"无论汉语"文化"一词是否由此而来，这段话至少说明，我们的祖先向来对文化的重要性有十分清楚和极其深刻的理解。文化确乎是人之所以成为人、人类之所以成为人类的根本标志。人创造了文化，文化也创造了人，从这个意义上也可以说，人是文化的动物。

从文化本身来说，相当长一段历史时期的传统文化可以粗略地、也是相对地划分为两大分流，即所谓上层文化（或称高层文化、雅文化、精致文化……）和下层文化（或称基层文化、底层文化、低层文化、民间文化）。

民间文化是人民群众创造的最古老的文化，因为它的根源可以追溯到人类发展的初始阶段；民间文化同时也是最年轻的文化，因为它仍然活生生地存在于人民的日常生活和口碑之中。民间文化还是整个社会文化的基础，并且具有极强的生命力。上层文化往往是对民间文化选择、改造和精致化的结果。

民间文学、民间艺术是民间文化中最富色彩的一个组成部分。它在人类创造的一切艺术中，生命最活跃，涉及最广泛。它以古朴纯真的艺术手段，反映着人民群众的现实生活、理想和追求。它的无数珍品，是当之无愧的美的典范。没有了它，人类将失去多少童真的回忆；没有了它，人类的爱祖国、爱家乡将会缺少多少实际可感的具体内容；没有了它，人类的欢乐、悲伤也将变得干枯而平淡；没有了它，人类将会失掉多少生活的甘美和幽默……

万家社区图书室援建和万家社区读书活动，是建设社会主义文化和建设社会主义新农村的一项战略举措。我们，作为受到农民兄弟哺育和培养的知识界、文化界，有义务用学来的知识回报衣我食我的父老乡亲，这不仅是我们的社会责任，也是我们的荣耀。

中国民俗学会在这项重要活动中，承担有关中国民间传统文化的约50种图书的撰写工作，我们组织了学养很高的，包括大批教授、研究员在内的专家队伍，来完成此项写作任务。他们在相关领域里，学有所长，业有专攻，所有作者都以光荣志愿者的精神，以科学严谨的态度，用生动活泼的文字，把相关的准确而丰富的知识，呈献给农民兄弟和城镇社区的读者。完成这项具有重要意义的写作编书任务，是我们人生当中一件值得骄傲、值得自豪的事情。

中国民间文化是世世代代锤炼和传承的传统文化，其中凝聚着民族的性格、民族的精神、民族的真善美，是中华民族彼此认同的标志，是祖国同胞沟通情感的纽带。历史悠久、内涵丰富的传统文化也是我们中华民族对人类文化多样性发展的巨大贡献。急剧变化的时代在淘洗着传统的民间文化。在当今时代，我们尤其有必要对我们丰富淳厚、历史悠远的民俗传统立此存照，将其中的优秀部分及其真谛展示给广大民众，使他们对中华大地、对祖国同胞、对优秀的文化传统和淳厚的民俗民风怀有更深刻的眷恋、热爱和崇敬。继承和发扬中华民族创造的非常丰富而优秀的非物质文化遗产和民族精神，是我们的幸事，也是我们的历史责任。

我希望在大家的共同努力下，民间文化之花越开越鲜艳，为我们祖国、为我们中华民族赢得一个永恒的春天。

# 目录

【前言】 〇〇一
【第一章 龙】 〇〇一
龙的形象与图腾 〇〇九
传说中的龙 〇一二
龙的家族 〇一三
众说纷纭龙的起源 〇一六
中国人生活中的龙 〇二〇
龙王 〇二一
西方文化中的龙 〇二六
文学作品中的龙王 〇二八
【第二章 凰】 〇三一
关于凤凰的传说 〇三四
凤凰的形象与地位 〇三六
传说中的凤凰 〇三九
龙凤呈祥 〇四〇

【第三章　麒麟】 〇五一
麒麟造像在现实生活中的应用 〇五四
麒麟是否真实存在 〇五六
麒麟信仰与民间文化 〇五八
麒麟与民间艺术 〇六〇
【第四章　古代四大神兽】 〇六五
东方青龙 〇六五
西方白虎 〇六六
南方朱雀 〇六八
北方玄武 〇六九
【第五章　其他祥瑞动物】 〇七一
龟 〇七一
狮 〇七四
象 〇七六
虎 〇七七
豹 〇七八
鹿 〇七九

马 〇八〇
牛 〇八一
羊 〇八二
猴 〇八五
兔 〇八七
鹤 〇八九
蝴蝶 〇九一
鸳鸯 〇九一
孔雀 〇九二
绶鸟 〇九三
喜鹊 〇九三
鸽子 〇九四
燕子 〇九四
雄鸡 〇九五
鹌鹑 〇九六
鹭鸶 〇九六
比翼鸟 〇九六
鱼 〇九七
蝙蝠 〇九八

蟾蜍 〇九九
蜘蛛 〇九九
史书中提到的祥瑞动物 〇九九
【第六章 中国生肖的十二瑞兽】 一〇五
生肖的由来 一〇七
生肖都是祥瑞动物 一〇九
生肖信仰 一一一
其他国家的生肖动物 一一二
【第七章 瑞兽图的变迁】 一一五
石雕瑞兽 一一九
玉雕瑞兽 一二一
常见的瑞兽形象 一二五
藏地『四祥瑞图』中的四种瑞兽 一二八
【第八章 吉祥图案与祥瑞动物】 一三一
【参考书目】 一五二

# 前言

## 祥瑞动物与吉祥文化

祥瑞即吉祥美好的征兆。在天人感应思想和谶纬观念等影响下，古时人们认为，人间的所有行为都必须遵循上天制定的各种准则。古人心目中的天，是有感情、有道德观念、至高无上、无所不在、人格化的，如果上天对人间事务感到特别满意的话，就会有所暗示。而这种暗示，往往是通过向人间施降某些能带来祯祥、辟除灾厄的东西来体现的。一旦这些东西出现了，就预示着太平盛世的到来。因此，上天呈现的那些表示嘉奖的现象就是祥瑞。这些祥瑞或者是风调雨顺，庄稼丰收；或者出现九个尾巴的狐狸，长出某种灵芝；或者天上出现某一种天象。《白虎通》说，政治清明，合乎天的法则，北斗、太阳和月亮就会非常明亮；上天会降甘霖，田里会长出嘉禾，凤凰会来翔，鸾鸟会起舞，麒麟会出现，白雉、白鹿和九尾狐会显灵，天空会呈祥云，湖沼会有神马，河海会有黄龙，地下会涌甘泉，河会出图，洛会出书；长江有大贝，大海出明珠；天有和风细雨，人间音律调和，远方夷族来朝。如此等等，不一而足。要是统治黑暗，昏君无道，这个时候上天就会呈现警告的天象，比方日食、月食。

祥瑞动物概念的出现，正是人们上述思想认识的具体体现。在中国古代文化里，龙凤麒麟等都是祥瑞动物，他们的出现能给人们带来好运。《礼记·礼运篇》：“麟凤龟龙，谓之四灵。”相传，麟是兽中之王、凤是禽中之王、龟是介中之王、龙是鳞中之王。“麟体信厚，凤知治乱，龟兆吉凶，龙能变化”，它们的出现都是嘉瑞的先兆。如《三国演义》第八十回：“麒麟降生，凤凰来仪，黄龙出现”，是用来预兆盛世的。麒麟的出现往往被看成是圣贤降世的标志。《毛诗义疏》称：“圣人出，王道行则见。”《宋书·符瑞志》也称：“明王动静有仪则见。”其他，像虎、狮、象、鹿等，在古代也受到崇拜，并被纳入神学政治的范畴之中。《宋书·符瑞志》云：“白鹿，王者明惠及下则至。”《瑞应图》亦曰：“王者承先圣法度，无所遗失，则白鹿来。”

汉代符瑞目录中记录有数以百计与人类生活密切相关的祥瑞物，今武梁祠仍保留了大量这类祥瑞动物的图像。其刻在图像一侧的榜题，则解释了这些祥瑞出现时的情况，例如：

麟不刳胎残少则至。

不漉池如渔，则黄龙游于池。

白虎，王者不暴虐，则白虎仁不害人。

（玉）马，（王者）清明尊贤则至。

比翼鸟，王者德及高远则至。

比目鱼，王者德及幽隐则见。

白马朱鬣，（王者任贤）良则见。

赤熊，仁奸息。

泽马，王者劳来（百姓）则（至）。

六足兽，谋及众则至。

（比肩兽，王）者德及鳏寡（则至）。

可见，祥瑞动物显示瑞应、降福免灾的功用包含着“万物有灵”观念和鬼神信仰，但同时它又充满着浓厚的现实生活气息，是世俗人生美好追求与愿望的象征物。其象征意义非常深刻，反映出中华民族追求和平、幸福、吉祥、长寿的文化心理。

动物可兆祥瑞的观念，早在孔子思想中已有萌芽。孔子曰：

"凤鸟不至，河不出图，吾已矣夫!"（《论语·子罕》）已蕴涵了祥瑞谴告的原始意识。如果说祥瑞、灾异观念在孔子那里，还只是一种情感化的哀叹，到了西汉董仲舒这里，则已经在"天一地一人"相统一的宇宙结构体系中获得了充分的论证。

关于祥瑞和灾异的界定，董仲舒在《春秋繁露·同类相动》中说，因为凡事凡物皆应类而起，善趋善、恶趋恶。帝王将兴，必有祥瑞之预兆；同样，政权将亡，也必先有妖孽出现。如大赤乌衔谷种集于武王屋顶之上就预示着周代将要兴旺强盛。按照他的理论，祥瑞和灾异，一般都具有以下特点：一、都出现在事实发生之前，带有一定的前瞻性或预言性。二、都必须寄托于特定的标志物，如天瑞、妖孽之类，而这就叫做"天无以言，而意以物"。三、标志物的出现肯定代表着天意，是纯粹的"受命之符"，而绝非任何人为因素所能招致。

至于"祥瑞"与"灾异"发生的根本原因是什么？董仲舒是这么解释的：因为人与天可以互相感通、应合，人可以积极主动地去体会、领悟天的性情，所以，天所施降于人的祥瑞、灾异，就更主要的与人事行为有关，甚至就取决于人事行为。

董仲舒说："王正"与"王不正"所招致的天应是不一样的。如果为政得人心则元气和顺，风雨适时，景星出现，黄龙下降；而如果为政不得人心，则天变色，贼气并出。如五帝三王治天下之时，天就有甘露、朱草、醴泉、凤凰、麒麟之类的祥瑞出现。所以，董仲舒以为祥瑞、灾异与人事行为尤其是政治得失之间存在着一种因果性的关联。与其说，祥瑞、灾异预示着国之兴亡，还不如说，为政的好坏直接能够感召出祥瑞、灾异。

天人感应学说是董仲舒哲学的主要内容，也是谶纬的主导思想。董仲舒的祥瑞灾异说的历史影响是深远的。流行于西汉末并兴盛于整个东汉时代的谶纬就直接继承了董仲舒的感应、灾异之说，在综合网罗了古代各种方术之后，发展成为占统治地位的观念意识。

实际上，在汉民族的文化里，谶纬（主要是谶）源远流长，几千年延续不断。随着汉末古文经学的突起和魏晋玄风的兴盛，谶纬渐趋衰微。魏晋以后，谶纬的主流基本上便朝着两个方向发展，一是为道教、佛教所消化吸收，依托于一定的宗教形式而存在；一是在民间信仰中继续传播和扩散。

与祥瑞灾异观念相依托的吉祥文化，因此产生并大行其道，既成为人们精神观念和信仰的组成部分，也规范和支配着人们的思想和行为。无论上层还是下层，都是如此。而上层对于祥瑞事物的运用和期待瑞应现象的出现，较之民间更为迫切。古代文献中关于祥瑞动物出现的记载，比比皆是。同时，古代帝王还多喜欢假借祥瑞动物的出现强化自己的统治。像西汉宣帝，曾有神爵（雀）、五凤、甘露、黄龙等年号，假托祥瑞改元达六次。《汉书·王莽传》记载，王莽篡权之际，曾制造"麟凤龟龙众祥之瑞达七百有余。"东汉灵帝在位期间，正史记载的祥瑞征兆也达13次之多。

在民众意识中，祥瑞动物之所以能在政通人和之际出现，是圣明君主自身努力的结果。如果国家政治清明，人民安居乐业，吉祥征兆就可能被感应而出现。这是真正的吉祥。但古代仁者也讲到，如果主要的祥瑞动物在不应该出现的时候出现，标志的就不是盛世繁华，而是世道穷途末路、哲人穷困凄凉的征兆。如孔子在春秋末年听说麒麟出现在鲁国，当即恸哭。

"祥瑞"预示好运。上古之时，便有将福善之事、嘉庆之征诉诸感性显现的形式，即绘成图画，俗称"吉祥图"或"瑞应图"。早在殷周时期的玉雕及青铜器上，便有"吉祥图案"或称"寓意图案"的发端。如于北京平谷、河南郑州等地出土的商代铜器上，常饰有首尾相接的鱼纹，反映出当时的人们已赋予鱼以"吉祥"寓意或"吉祥"象征，借"鱼腹多子"这一生物形态的现实存在，寄寓人们祈求多子多福的美好愿望和憧憬。以后历代此种具有"吉祥”寓意的图像，正如“吉祥”寓意所企盼的那样：“瓜瓞绵绵”，赓衍不绝。如春秋战国的铜镜，秦汉的瓦当、画像石，南北朝石窟壁画，隋唐碑雕、石刻，宋代陶瓷、织锦等，都有丰富精彩的“吉祥”图像或曰“吉祥”图案。

真正具有“吉祥”图案的审美文化意蕴及其形式美表现特征的，是绘制于汉灵帝刘宏建宁四年（公元171年）的《五瑞图》。左为黄龙；右为白鹿；下左二树四枝“连理”；中一嘉禾，禾生九茎；右有一树，树下一人举盘“承露”，乃中国现存最早的吉祥图案。另，三国吴主孙亮，制作琉璃屏风，上镂“瑞应图”，达一百二十种之多，可谓集吉祥瑞庆图案之大成。元代之后，吉祥图案于民间广泛流行，至明清而大行其时，成为一种蔚为风气的民俗现象。俗谓“图必有意，意必吉祥”。此时的吉祥图案，除仍用于建筑、车舆及日用器物之外，已将应用的中心挪移到织物以及衣帽鞋履等服饰上来。

吉祥文化、祥瑞文化，表现了人类对于幸福美好追求的秉性，是中华民族永恒的主题，也是吉祥物得以孕育的基石。

千百年来人们所追求的祥瑞的具体内容，对国家来说，是社会安宁、政治清明、国力强盛、国泰民安。古文献中，有着众多类似“王者上感皇天则凤凰至”（《春秋感精符》）；“王者德至渊泉，则河出龙图”（《宋书·符瑞志》）等天人感应导致祥瑞现象出现的描写。对家庭个人来说，则是“五福”（民间五福是福、禄、寿、喜、财；书面五福是“寿、富、康宁、攸好德、考终命”，攸好德指所好者为德，考终命指得以善终）“三多”（即多富、多寿、多男子）。

吉祥文化的产生，首先源于“嘉庆之征”，意即该吉祥物具有美好的征兆。这种观念由来已久，并伴随原始吉祥物的产生。在人类童年时代，早期的原始意识尚未发生分化，抽象逻辑思维尚未发展起来，形象思维占绝对优势，不仅各种知识互渗，各种观念也混杂，这种混沌状态，使得类比和联想成为人们进行形象思维所运用的方式。类比和联想方式的广泛运用，就导致了吉祥物在人类童年时代即已产生。后来，人类逻辑思维发展起来了，但类比联想仍然是后世人们创造吉祥物的主要方法。逻辑思维的运用和支配，使吉祥物的产生出现了新的特点，人们开始通过自己的意念和推理，去进行吉祥物的自觉创造，吉祥物开始大量的出现。到我国的先秦时代，达到吉祥物创造的第一个高峰。这个时期，我国经过意念合成而创造的主要吉祥物大部分已经完成，像甘露、嘉禾、河图、洛书、神马、龙、凤、麒麟等。

秦汉魏晋南北朝时期，伴随神仙方术、谶纬之学。以及佛教的传入、道教的形成等影响，吉祥物观念在上层得到强化和集中，寓意性的吉祥图案开始出现。在此期间，不仅有关祥瑞的记载大量出现于各种历史文献中，而且人们开始运用吉祥物进行人为神话的创造。如刘邦就说自己是母亲与蛟龙交合而孕，结果生下来就具有龙颜龙貌，是龙种。

这期间，吉祥图案开始形成一些较为固定的样式，如汉灵帝时，“五瑞图”的出现。南北朝时孙有之撰写的《瑞应图》一书，标志着我国的吉祥物发展到有体系有固定模式的阶段。

汉代的瓦当，纹饰主要固定为四神纹（也称四灵纹，即青龙、白虎、朱雀、玄武）和动物纹。由这几种灵物组成的吉祥图案，同时还被广泛应用于铜镜、漆器、石刻、砖瓦等工艺品装饰上，奠定了我国吉祥物自然生动、喜庆活泼的基调和发展方向。

唐宋时代，吉祥文化空前兴盛，吉祥物数量进一步增加，格调更加喜庆，内容上更加与现实生活密切相关，充满着创造者的自信。这个时代的吉祥物，一改汉魏时代那种神秘主义的倾向，几乎将各种动植物都作为吉祥物的原型了。当时的陶瓷、织染、金银铜器、漆器、家具、石雕、玉雕等工艺装饰上，最为流行的题材，动物有鱼、鹿、鸡、鸭、鹤、雀、喜鹊、蝴蝶、蜜蜂、鸳鸯、绶鸟、大雁、狮、虎、羊、骆驼、麒麟、云龙、凤凰等；植物有莲花、忍冬、葵花、团花、梅花、牡丹、散花、菊花、芍药、海棠、芦花、芙蓉、卷草、宝相花、折枝花、连珠等。这表明吉祥物创制已经深入到日常生活中，注意从大自然中寻求观念和信念的载体了。唐人刘赓著有《稽瑞》一书，收集民间流行的吉祥物达185种之多。

明清时期是我国吉祥物的烂熟时代，体现了当时人们吉祥观念的膨胀，这也是当时社会发展、物欲泛滥的体现。专家指出，吉祥图案是明清以来最为流行的一类图案，所占比重极大。这期间的装饰图案，几乎是图必有意，意必吉祥。表现手法运用了象征、寓意、谐音、比拟、标号、文字等多种方式。皇家、贵族、富商等在建筑、摆设、及日用品上，在门窗、墙壁、柱基、台阶、回廊上，在盘盒、桌椅、床几、瓶罐、绣品上，一概装饰有吉祥图案。民间用品亦是如此，洋溢喜庆祥和的气氛。

被选作吉祥物的客观事物，自身属性必须能够负载人们的吉祥观念和吉祥信仰。也就是说，那些被选为吉祥物的事物必须具有一定的特点和优点，其具有的自身属性与人类吉祥观念吻合与否，是成为吉祥物的必要前提。如松树和乌龟，由于其长寿而被赋予长寿吉祥的含义进入吉祥物群体。至于有些吉祥物的自然属性与人们的吉祥观念有一定距离的，人们则根据其部分特征，对其进行了延伸附会。如白头翁，人们取其毛色特点及其名称与白发老人的相似，也作为长寿的象征纳入吉祥物的行列。

在吉祥物家族中，有两类吉祥物比较特殊，第一类吉祥物虽然有着客观存在，但其自身属性与人们的吉祥观念和信仰没有任何相似之处；另一类吉祥物则根本在现实生活中找不到确实的客观存在。人们在创造第一类吉祥物时，采用的手段主要是比附类推和附会假借。有的是用谐音取意，如“鹿”谐音“禄”、“蝙蝠”谐音“福”等；有的是用传说附会，如“喜鹊”、“蜘蛛”，“喜鹊叫，亲人到”、“蜘蛛集而百事喜”。第二类吉祥物主要是龙、凤、麒麟，都是传说中的生灵，其神性和德行都以传说为媒介，在人们的观念中世代流传、反复渲染，进入了民族的文化传统。

吉祥物在人们的生活中无处不在，无时不在，与人们生活息息相关，并作为一种文化符号沉淀在人们的血液里。一个中国人的一生，从一出生便与吉祥物结下不解之缘。

新生儿佩戴的长命锁，一般都刻有“长命富贵”、“长命百岁”、“长发其祥”等祝词，或在锁面雕有龙、虎、麒麟等图案，期望起到逢凶化吉、避邪消灾之灵性。

我国大部分地区，尤其是黄河流域，普遍流行着各种祥瑞动物形象的童帽、童鞋。如虎头帽、麒麟帽、兔儿帽、狮头帽、虎头鞋、豹头鞋、龙头鞋、狮头鞋、牛头鞋、狗头鞋、兔头鞋等，这种鞋帽大都是儿童满月或周岁时的礼物。其中，虎头帽、虎头鞋是比较常见的。虎头的图案运用贴、镶、绣、缝等手法制作，造型夸张，形态生动，色彩对比强烈，以期避邪消灾，寓祝孩子长得虎头虎脑、健康成长。至于用兔、狗、猪、蝶等造型的鞋帽，其俗源于民间“卑贱易养”的观念，希望孩子如同小兔、小猪、小狗等一样，活活泼泼，易于成活和成长。

儿童玩具，也不仅仅是让孩子嬉戏的工具，而且大都含有一定的吉祥用意。像布老虎，形体做成虎形的枕头状，小儿既可用作玩具，也可用作睡觉的枕头。民间将之作为特定的礼物馈赠小儿，是有其特定的寓意的。如陕西一带，小儿满月时，当舅舅的要送一只黄色的布老虎，临进门时须将老虎尾巴折断一截，丢在门外。当地人的解释是，折虎尾，是希望小儿日后免灾免难；送虎是祝愿小儿长得像老虎一样勇健威猛。

当小儿长大成人，要结婚了，很多地方的传统婚礼上少不了“长命鸡”、“催妆鹅”等吉祥物。“长命鸡”即红公鸡，有的地方也叫“合啼鸡”或“合号鸡”。当地人们认为雄鸡有灵性，有避邪神通，以红公鸡作为男方代表，象征着家业的红火，也象征着婚姻的美满，因而成为新人婚姻的吉祥物。

其实，更古老时代的婚礼上，人们是用大雁作为吉祥物的。新郎迎亲到女家，首先要献雁，以雁寓祝爱情专一。由于雁不好找，人们曾以苍鹅替代，称作“前鹅”或“催妆鹅”。取的是雁失去配偶不再匹配之说，寄寓爱情忠贞之意。

人们居家过日子，无非是祈望儿孙满堂、平安健康、生活富足、家业兴旺等，这些朴素的过好日子的理想便体现在种种吉祥物上面。如最常见的食品面鱼，以鱼形馒头寓意年年有余、日日有余。

民居建筑悬挂于大门门楣上面的饰物，总是虎头匾、虎头牌、镇邪牌；造型要么是虎头，要么是狮头。而屋脊上的脊兽，有龙、天马、海马、鱼、獬豸等等，用以显示建筑的威严，威慑妖魔鬼祟，消除灾祸。像这类保护家庭平安的吉祥物还有很多。

吉祥文化具有鲜明的传承特征，同时伴随人类文明的发展而发生种种或微弱或强烈的变异。《山海经》是一部研究我国远古时代历史、地理、中外交通、神话和风俗的重要著作，里面谈到的一些吉祥物，后人大都只能推测所指的是什么了。相反，后起的一些吉祥物则非常明确并相对稳定，慢慢积淀为民族文化的组成部分了。其美学风格也与时代的变迁、社会思潮的变化相呼应，成为文化嬗变的标志之一。

仅以龙凤形象为例，商周时期，青铜器纹饰恐怖威严，美丽的凤鸟也是猛禽的形象；战国时期，吉祥物开始变得华丽、柔美，龙凤从神奇迷离的气氛中走向现实世界，形象变得活泼秀丽，轻巧浪漫，回环舒展；汉代漆器上的龙凤图案则表现出更为浓烈的喜庆氛围；南北朝时期，龙凤文化经过佛、道文化的洗礼，形象变得修长洒脱，气韵生动；唐宋年间，受经济繁荣、文化兴盛的影响，龙凤造型趋向荣华富贵、富丽堂皇、工整严谨；明清时期，龙凤集历代之大成，繁缛细腻，精益求精，美不胜收，但活力却明显消退了。

进入20世纪后，随着西风东渐，西方文化取得了对传统文化的压倒性优势，历经五四新文化运动和“文化大革命”对传统文化的大规模翦除，吉祥文化与其他传统文化和民俗民间文化一样，受到了强烈的冲击，其传承出现断裂，在民间的影响力一落千丈。新时期以来，现代化和全球化的思潮再次对吉祥文化造成震荡，在新的几代人身上，已经无从保留吉祥文化的记忆了；传统吉祥文化的留存物，大都也进入了博物馆，或者仅存留在经济落后地区的民间。近些年来，随着社会经济发展到一定水平，对文化发展提出了新的要求，传统文化呈现复苏之势。尤其是近十年来，在全世界出现非物质文化遗产保护热潮的时候，经过国家、地方政府和民间的共同努力，我国的吉祥文化重新焕发出生机，很多传统吉祥物得到发扬光大，同时还出现了一些新的吉祥物。像城市的市徽、产品的商标、工厂的厂标、电视台的台标、节日集会与运动会的会徽等，都有采用吉祥物者。

# 第一章

## 龙

中国人是“龙的传人”，龙文化十分发达，对龙也有多种解释。《说文》曰：“龙，鳞虫之长，能幽能明，能细能巨，能短能长，春分而登天，秋分而潜渊。”《广雅》云：“有鳞曰蛟龙，有翼曰应龙，有角曰虬龙，无角曰螭龙。”宋人罗愿的《尔雅翼·释龙》：“角似鹿、头似驼、眼似兔、项似蛇、腹似蜃、鳞似鱼、爪似鹰、掌似虎、耳似牛”。

龙

在中华民族浩瀚的历史长河中，很早就出现了被我们称为“龙”的形象。从商周开始成熟的龙纹已经出现；汉代起则被一步步神化、加工，并逐渐固定形象；元以后更确定了标准形象，成为中华民族的标志。

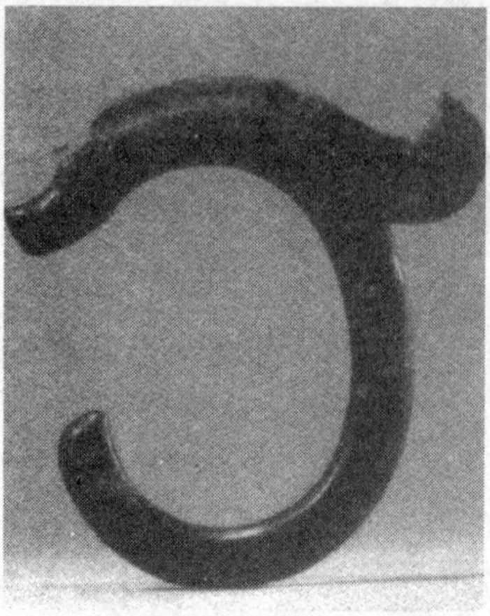
迄今为止最早出现的龙

关于龙的起源，不同学者有不同看法。著名学者闻一多在20世纪40年代探讨了龙的原形。他认为，龙的主干部分和基本形态是蛇，有一个以这种大蛇为图腾的族群，兼并、吸收了许多别的形形色色的图腾族群，大蛇这才接受了兽类的脚，马的头，鬣的尾，鹿的角，狗的爪，鱼的鳞和须……于是便成为我们现在所知道的龙了。卫聚贤在1934年出版的著作中最早提出龙的原形为鳄鱼。刘城淮认为，龙的主干的基本形态是蛇、蜥蜴和马。在朱天顺看来，龙源于闪电。何新认为，最初的龙形不过是抽象的旋卷状的云纹，而后来逐渐趋于具体化、生物化，并且展开而接近于现实生物界中两栖类和爬行类动物的形象。胡昌健认为，虹是龙的最直接原型，因为虹有美丽、具体的可视化形象。孙守道认为龙起源于原始社会，龙首形象最初来源之一当与猪首有关，并认为龙的起源与诞生，当与原始农业密切相关。

从文化含义的演变来说，龙崇拜经历了由神兽、水神、专制皇权的象征到民族文化的象征等几个阶段。

先秦时，龙是一种神兽。目前所知最早的龙的造型，是在河南濮阳西水坡仰韶文化区墓中发现的一对蚌壳龙虎。

这时龙的形象非常简单，无角、长身、曲尾、有鳞。商代时，在青铜器、玉器等工艺品上已经出现了十分成熟的典型龙纹图案。当时，龙是作为神人坐骑或一种祥兽出现的。《礼记·礼运篇》中就称“‘龙、麟、凤、龟’，谓之四灵”。《河图》曰：“黄金千岁生黄龙，青金千岁生青龙，玄金千岁生玄龙。”《左传·昭公二十九年》：“故帝舜氏世有蓄龙，及有夏，孔甲扰于有帝，帝赐之乘龙，河汉各二，各有雌雄。”《周易》六十四卦，以乾为首，而乾卦全篇爻辞都在讲“龙”，以龙的生息变化寄喻人生和宇宙哲理。《竹书纪年》也说，属于伏羲氏系统的有所谓长龙氏、潜龙氏、居龙氏、降龙氏、上龙氏、水龙氏、青龙氏、赤龙氏、白龙氏等。《山海经》中，经常出现龙神人面、鸟身龙首、马身龙首等怪物，单独出现的龙通常是作为神人的坐骑，如“南祝融，兽身人面，乘两龙”。“大乐之野，夏后启于此儛九代，乘两龙，云盖三层”。“西方蓐收，左耳有蛇，乘两龙”。在楚辞中，龙也被想象成为神人驾车的神兽，“驾飞龙兮北征”，“石濑兮浅浅，飞龙兮翩翩”。

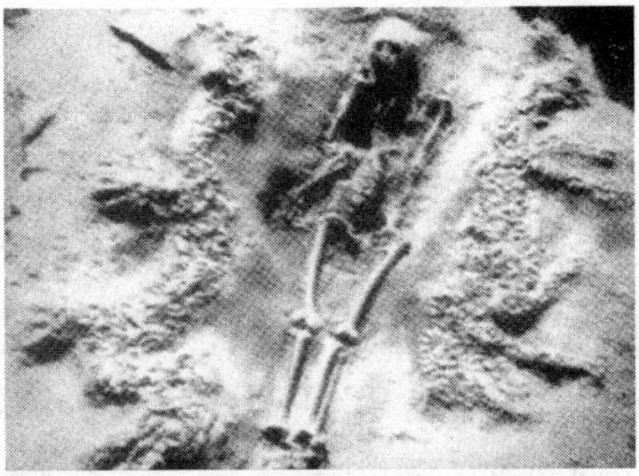

河南濮阳西水坡遗址龙虎蚌塑

汉代开始，儒家兴起，因“子不语怪力乱神”，龙的神话形象有所折损，此时龙在文献记载中多被用来求雨。龙本缘水而生，与水密切相关，所以自然而然地降至于与水联系起来。《荀子·劝学篇第一》曰：“积水成渊，蛟龙生焉。”《楚辞·惜誓》也曾写道：“神龙失水而陆居兮，为蝼蚁之所裁。”《楚辞·天问》云：“河海应龙，何尽何历?”王逸注云：“或曰禹治洪水时，有神龙以尾画（地），导水径所当

龙

决者，因而治之。”郭璞按：“后世以应龙致雨，义概本此也。”《淮南子·天文训》曰：“举龙而景云属。”

最为明确地记述五色龙的是《神农求雨书》：“春夏雨日而不雨，甲乙命为青龙，又为火龙，东方小童舞之；……”《春秋繁露·求雨》也记录了用五色龙求雨的史实。

龙与帝王的渊源当从黄帝算起。《山海经》中也有记载：“蚩尤作兵伐黄帝，黄帝乃令应龙攻之冀州之野，应龙蓄水，蚩尤请风伯雨师，纵大风雨。黄帝乃天下女曰‘魃’。雨止，遂杀蚩尤。”龙帮助黄帝打败了蚩尤，功劳颇丰，但此时只是作为黄帝的助手出现，并没与黄帝本人联系起来。

《山海经》郭璞注引《归藏·启噬》则讲到，鲧奉天帝之命治水

龙

失败而被尧用雷电殛死，怀着满腹怨恨的他不但死不瞑目，而且尸身经过三年都不腐坏。尧唯恐鲧的尸身会产生什么异变，于是派出勇士用锋利的吴刀将鲧的尸身剖开，但是没有料到鲧的怨气酝积在腹中，变成了一只黄龙，这只黄龙也就是鲧的儿子禹。此时的龙已是作为帝王的化身出现，可见其地位的飞速上升。

汉高祖刘邦因其出身卑微，就编造故事，说他的母亲因蛟龙缠身，才生下他，故他是真龙转世的天子。从此，历代皇帝都加以效法，与龙的关系愈加密切。《史记·封禅书》就讲道："黄帝得土德，黄龙地螾见。夏得木德，青龙止于郊，草木畅茂……昔秦文公出猎，获黑龙，此其水德之瑞。"

中国人的传统思维认为，非真龙天子不能称帝，而龙亦成为皇帝的专利。皇帝的身体是龙体，皇帝的脸色为龙颜，皇帝的居处叫"龙庭"，皇帝的服饰称"龙冠"、"龙服"，皇帝的思想情绪也称为"龙心”。臣民要是用龙作为器物衣饰的装饰图案，那就有“僭越”之罪，会招来杀身之祸。龙袍加身象征皇帝登基……

屋脊上的龙

龙的意义发展至今，与皇家的联系已不甚密切，长久发展过程中被人们赋予了很多文化含义，主要有百虫之长、保护神、水神、祥瑞的象征、专制皇权的象征、民族文化的象征等。这些文化含义不是一时一地形成的，而是逐渐丰富起来的。有些文化含义已经消失了，有些文化含义至今仍然存在。

龙的宏伟雄浑、刚健有力，是中华民族阳刚之美的代表性意象。这种意象，往往出现在中国传统的宫殿、坛庙建筑上。北京天安门城楼的屋顶有一条正脊、四条垂脊、四条戗脊，其正脊两端与垂、戗脊端共有十个彩色琉璃龙头形饰件，即所谓“龙吻”，被称为“九脊封十龙”；天安门的栋梁枋柱上，绘有“金龙和玺”彩画；金水河畔，又高耸一对华美挺拔的汉白玉华表，那华表柱身雕刻以腾飞于朵朵云彩之际的龙像，盘旋曲折，十分富于美感。北京紫禁城里，到处可见的是龙像。太和殿有专供皇帝御坐的雕龙宝座，殿内有六根蟠龙金柱，高约三丈，其柱粗两人合抱。太和殿的金龙藻井可谓天下无双，处处绘有龙的图案。故宫三大殿尤其太和殿前的雕龙石阶无比精美。九龙壁闻名天下，它由270块彩色琉璃拼凑而成，由九龙、云气、海水与山石造型所构成，其主体龙纹强烈起伏，大有震壁欲腾飞之势。在天

九龙壁上的龙

坛祈年殿、十三陵之长陵祾恩殿的建筑上，也有众多艺术性极佳的龙的造型。北海有九龙壁与五龙亭，西山有龙王堂，颐和园有龙王庙，就连雍和宫的佛龛上也雕着龙。至于在曲阜孔庙，还有别具一格的石雕蟠龙柱。中国传统建筑上的龙的艺术，首先是政治、伦理与政权的象征，然而作为艺术形象，它也挣脱一般政治伦理的观念域限，走向审美。

中国上下数千年，龙已渗透到了中国社会的各个方面，成为一种文化的凝聚和积淀。龙成了中国的象征、中华民族的象征、中国文化

的象征。对每一个炎黄子孙来说，龙的形象是一种符号、一种血肉相连的情感。“龙的子孙”、“龙的传人”这些称谓，常令我们激动、奋发、自豪。龙的文化除了在中华大地上传播继承，还被远渡海外的华人带到了世界各地，在世界各国的华人居住区或中国城内，最多和最引人注目的饰物仍然是龙。因而，“龙的传人”、“龙的国度”也获得了世界的认同。

绘画作品中的龙

在中国文化中，一切与龙沾上关系的事物似乎都是吉祥的象征：天上的星宿有龙星，地下的风水有龙脉，衣饰中有龙袍、龙冠，食物中有龙虾、龙眼，建筑中有龙公、龙亭，行具中有龙船、龙车，动物中有龙马、龙蚤，植物中有龙葵、龙柏；得意的女婿称乘龙快婿，功成名就叫登龙门，男女成亲可谓龙凤配，新生儿女可言龙子龙女；端午节有赛龙舟，元宵节有舞龙灯。关于龙的成语更是数不胜数：笔走龙蛇、成龙配套、藏龙卧虎、车水马龙、画龙点睛、活龙活现、蛟龙得水、龙飞凤舞、龙马精神、龙盘虎踞、龙蛇飞动、龙蛇混杂、龙潭虎穴、龙腾虎跃、龙吟虎啸、龙争虎斗、龙跃凤鸣、攀龙附凤、群龙无首、神龙见首不见尾、生龙活虎、屠龙之技、土龙刍狗、望子成龙……

龙文化广泛地渗入到社会生活的各个方面。不管是工艺美术、建筑名胜、歌舞影视，还是岁时节令、婚丧礼仪、服饰冠履，龙都作为重要的组成部分，以盘旋、腾跃、奋飞等多种形式，占据着醒目的位置，体现着不可或缺的文化蕴涵。人们通过祭祀祈祷召唤龙的神灵；通过雕塑，描绘、模拟、展现龙的形象，显示龙的神力；通过著述文章，探讨龙的源流，索解龙的秘密；通过歌舞、竞技、影视剧作品，禀赋龙的神性，焕发龙的精神，弘扬一种纵横四海浩然宇宙的民族大气。

石雕蟠龙柱

## 龙的形象与图腾

在中国古代文化里，龙是传说中的四种祥兽之一。《礼记礼运篇》：“麟凤龟龙，谓之四灵。”相传，麟是兽中之王、凤是禽中之王、龟是介中之王、龙是鳞中之王，它们的出现都是嘉瑞的先兆。比如《三国演义》第八十回：“麒麟降生，凤凰来仪，黄龙出现”，就是用来预兆盛世的。

中国的龙崇拜有五千年以上的历史（也有说八千年的）。龙是怎么产生的？有人说它是鳄鱼和蜥蜴的融汇；有人说它演化于蛇；有人称它是恐龙的遗记；有人认定它是图腾合并的结果；又有人相信它是云水、闪电和彩虹的集合。

相对而言，“蛇说”比较占上风。有人考证，禹与蛇图腾的氏族有血缘关系，他奠定了夏朝根基以后，其后裔把蛇升华为龙，不仅体现了多元文化，得到各民族的认同，而且成为中华民族不可分割的象征。

今天所知道的龙的形象综合了多种动物的特征：蛇身、兽腿、鹰爪、马头、蛇尾、鹿角、鱼鳞。有研究指出，龙的形象经过不断发展变化，形象日益复杂和威武。

古籍记述龙的形象多不一致。一说为细长有四足，马首蛇尾；一说为身披鳞甲，头有须角，五爪。《本草纲目》则称“龙有九似”，为兼备各种动物之所长的异类。其名殊多，有鳞者谓蛟龙，有翼者称应龙，有角者名虬龙，无角名螭。小者名蛟，大者称龙。传说多为其能显能隐，能细能巨，能短能长；春分登天，秋分潜渊，呼风唤雨，无所不能。在神话中龙是海底世界的主宰（龙王），在民间龙是祥瑞象征，在古时龙则是帝王的化身。

人们还把各种美德和优秀的品质都集中到龙的身上。我们从许多故事和传说中了解到：龙是英勇善战的，它什么强暴也不怕；龙是聪明多智的，它甚至能预见未来；龙的本领高强，它能大能小，变化多端，兴云布雨，鸣雷闪电，开河移山，法力无边；龙是富裕的，龙宫成了宝藏的集中地；龙又是正直的，能为人民着想，为了解除人间干旱之苦，它甚至不惜冒犯天条。在龙的身上集中了人们美好的愿望，人们也常把世间的杰出人物称为人中之龙，诸葛亮号称卧龙先生就是大家熟识的例子。

过去曾有理论认为龙信仰来源于“蛇”的图腾崇拜，而蛇图腾在女娲、伏羲等形象上能明显地看到，炎黄二帝时开始达到鼎盛，龙的图案造型经历了极多的艺术变形和演变。炎帝、黄帝在距今大约五千年左右的黄河流域，考古发现，距今五千年以上非黄河流域的龙形象已有多件。如辽宁阜新查海出土的距今达八千年的石块堆塑龙、内蒙古赤峰赵宝沟出土的距今七千年的陶纹龙、陕西宝鸡北首岭出土的距今达七千年的彩陶龙、河南濮阳西水坡出土的距今六千多年的蚌塑龙、内蒙古清水河岔河口出土的距今六千年的黄土夯筑龙、黄梅焦墩出土的距今近六千年的河卵石摆塑龙、甘肃甘谷西坪出土的距今五千多年的彩陶龙、内蒙古翁牛特旗三星他拉村出土的距今五千年以上的玉龙、山西襄汾陶寺出土的距今五千年的彩陶盘龙、安徽含山凌家滩出土的距今五千年的白玉龙，等等。龙的形象分布于如此广泛的范围和时期，这使得龙的起源又变得模糊起来。

龙

中国的龙家族庞大，有黄龙、青龙、赤龙、白龙、乌龙、金龙，等等。它们有好有坏，有善有恶。《史记》二十八卷《封禅书》里说：黄帝乘龙上天，群臣无法跟随，只能抱着拉断的龙髯哭泣。中国古人以龙为尊。但传说中，也不乏屠龙、斗龙的记载，如女娲杀黑龙、大禹斩蠢龙、李冰父子伏孽龙、周处除蛟龙，等等。

## 传说中的龙

古人把龙看成神物、灵物，既能深入水底，亦能腾云登天。关于龙的传说，在中国古代经典著作中随处可见，而关于龙的传说和神话亦不胜枚举。

龙

上至黄帝的时代，便有黄帝乘龙升天、应龙助黄帝战胜蚩尤的传说；夏禹治水，传说便有神龙以尾巴画地成河道，疏导洪水；汉高祖刘邦，传说便是其母梦见与赤龙交合而怀孕出生。从许多故事和传说中可以看到人们把各种美德和优秀的品质都集中到龙的身上。传说中每年二月初二炒玉米的传统，就是纪念义龙为解人间干旱之苦，甚至不惜冒犯天条。传说玉龙因不忍人民受干旱之苦，义助人民降雨而被玉帝所囚，并立下规条，只有金豆开花才会予以释放。人民因感激玉龙义举而齐集一起炒玉米，因样子像金豆开花而令看管的太白金星看错，并释放了玉龙。而每年二月初二炒玉米的传统亦保留了下来。

当然，传说里有义龙为善，便自然亦有恶龙为祸。随着民智开启，佛教信仰传入等因素，民间对龙王的形象有了改变，作为道教传统之一的龙王，亦开始出现反派的角色，不乏恶龙肆虐的故事。就像黑龙江，传说以前便有白龙为祸，后来江边的一个村中，有一家人临产，并诞下了一条黑龙。原来黑龙是来帮助人们除掉白龙的，村民依靠黑龙的帮助，最后除掉白龙，人们为纪念黑龙而将江取名黑龙江。四川省的九寨沟附近有两条大河，一条叫黑水河，传说以前住着一条大黑龙；一条白龙江，住着一条小白龙。传说黑龙因妒忌九寨沟的风光而将那里的水吸干，小白龙知道后，便将白龙江的水喷洒到九寨沟，恢复其美景。黑龙知道后便跟白龙展开恶斗，黑龙在不敌时使计放毒，小白龙被逼逃到九寨沟的一个湖泊中。黑龙为查白龙的下落而惊动了藏族的万山之神，最后被山神所囚，不能再作恶。万山之神为表彰白龙而给它一套金黄色的铠甲，这就是卧龙湖的传说。

## 龙的家族

中国民间有——“龙生九子，九子各不同”的说法。说的是一位龙母，生了九个儿子，这九个儿子各有各的长相，脾气和爱好也各不相同。一些明代学人笔记，如陆容的《菽园杂记》、李东阳的《怀麓堂集》、杨慎的《升庵集》、李诩的《戒庵老人漫笔》、徐应秋的《玉芝堂谈荟》等，对诸位龙子的情况均有记载。比较集中的说法是如下九位：

赑屃：也称龟趺。形状像乌龟，好负重。长年累月地驮载着石碑。人们在庙院祠堂里，处处可以见到这位任劳任怨的大力士。据说触摸它能给人带来福气。

狴犴：又叫宪章。相貌像虎，有威力，又好狱讼之事，人们便将其刻铸在监狱门上。虎是威猛之兽，可见狴犴的用处在于增强监狱的威严，让罪犯们望而生畏。

螭吻：也叫鸱吻、鸱尾、好望等。形状像四脚蛇剪去了尾巴，这位龙子好在险要处东张西望，也喜欢吞火。相传汉武帝建柏梁殿时，有人上疏说大海中有一种鱼，虬尾似鸱鸟，也就是鹞鹰，能喷浪降雨，可以用来厌辟火灾，于是便塑其形象在殿角、殿脊、屋顶之上。

椒图：形似螺蚌，好闭口，因而人们常将其形象雕在大门的铺首上，或刻画在门板上。螺蚌遇到外物侵犯，总是将壳口紧合。人们将其用于门上，大概就是取其可以紧闭之意，以求安全吧。

囚牛：形状为有鳞角的黄色小龙，好音乐。这位有音乐细胞的龙子，不光立在汉族的胡琴上，彝族的龙头月琴、白族的三弦琴以及藏族的一些乐器上也有其扬头张口的形象。

蒲牢：形状像龙但比龙小，好鸣叫。据说蒲牢生活在海边，平时最怕的是鲸。每每遇到鲸袭击时，蒲牢就大叫不止。于是，人们就将其形象置于钟上，并将撞钟的长木雕成鲸状，以其撞钟，求其声大而亮。

饕餮：形似狼，好饮食。钟鼎彝器上多雕刻其头部形状作为装饰。由于饕餮是传说中特别贪食的恶兽，人们便将贪于饮食甚至贪婪财物的人称为饕餮之徒。饕餮还作为一种图案化的兽面纹饰出现在商周青铜器上，称作饕餮纹。

狻猊：又称金猊、灵猊。狻猊本是狮子的别名，所以形状像狮，好烟火，又好坐。庙中佛座及香炉上能见其风采。狮子这种连虎豹都敢吃，相貌又很轩昂的动物，是随着佛教传入中国的。由于佛祖释迦牟尼有"无畏的狮子"之喻，人们便顺理成章地将其安排成佛的坐席，或者雕在香炉上让其款款地享用香火。

睚眦：相貌似豺，好腥杀。常被雕饰在刀柄剑鞘上。睚眦的本意是怒目而视，所谓"一饭之德必偿，睚眦之怨必报"。报则不免腥杀，这样，这位模样像豺一样的龙子出现在刀柄刀鞘上就很自然了。

九位龙子的入选者和排列顺序并不严格。比如叫"霸下"的龙子，一说它喜文好负重，且力大无穷，似乎可以和龟趺合并；一说它喜欢喝水吐泡，因而常被雕饰在桥头、泉边。

除此之外，还有：

金吾：头似美人，尾像鱼尾，长有一对翅膀，非常机灵，从不睡觉，所以用来警戒。

螭虎：形象像龙，喜欢文采，故被立于石碑两旁。

鳌鱼：形象似龙，好吞火，常被立于屋脊（一说海中的大龟也作鳌鱼）。唐宋时皇帝殿前陛阶上镌刻有巨鳌，翰林学士、承旨等官员朝见皇帝时立于陛阶正中，故称翰林院为"上鳌头"。后称状元及第为"独占鳌头"。

其他如"蟋蜴"等，也常进入"龙子"的行列。

这样看来，"九"只是个概称，言龙子之多，并不局限于九位。

# 众说纷纭龙的起源

从20世纪初到现在，据不完全统计，有关龙的起源和本质的论著、论文已超过百余种，观点五花八门，莫衷一是。这里我们不妨作一简要的介绍——

神异动物说

这是以《辞源》和《辞海》为代表的最普遍的一种观点。前者说“龙是古代传说中的一种善变化能兴云雨利万物的神异动物，为鳞虫之长”；后者说“龙是古代传说中一种有鳞有须能兴云作雨的神异动物”。相近的说法还有：“龙是具有很多神性、很神秘的动物神”，“是中国古人幻想出来的动物”（朱天顺）。“龙是出现于中国文化中的一种长身、大口、大多数有角和足的具有莫测变化的世间所没有的神性动物”（刘志雄、杨静荣）。

“神异动物”是以“动物神异”为基础的，前者来源于后者，那么，是哪些动物通过“神异”而变成“龙”了呢？这一点，《辞源》和《辞海》没有讲清楚，学者们的探讨则多种多样：

卫聚贤说“龙即鳄鱼”，王明达说“龙形象的基调是鳄”，祁庆福认为龙“其实就是鳄鱼的最早称呼”，王大有认为“中国最原始的龙是湾鳄、扬子鳄”，唐兰说龙“像蜥蜴戴角的形状”，何新说龙“是古人眼中鳄鱼和蜥蜴类动物的大共名”。

徐乃湘、崔岩峋认为“龙是以蛇为基础的”；李埏说“龙是蛇变成的”，是古人“以蛇为蓝本，依照蛇的形状和特征，再附加某些想象而塑造出来的”；刘敦愿认为“最早的龙就是有脚蛇，以角表示其神异性”；何星亮提出“龙的基形为蛇，而蛇类中最接近龙的是蟒蛇”，因此可以说“龙的原形为蟒蛇”。

刘城淮说“在蛇类和蜥蜴类之外，龙还有一个主干部分和基本形态，那便是马类”，他进而指出“充任龙的模特儿之一的马，最初不是一般的陆马，而是河马”；李埏认为“龙的首角是古人摹拟牛头而塑造出来的”，“我们现在还常说‘牛鬼蛇神’，看来，龙就是二者的结合”；孙守道等提出“龙首源于猪首”。

物候参照动物

陈绶祥认为，龙身是“扭动的虫形”，龙角是先民“测定时间的工具——表”。“在广大的范围中，人们选择不同的物候参照动物，因此江汉流域的鼍类、鳄类，黄河中上游的虫类、蛙类、鱼类，黄河中下游的鸟类、畜类等都有可能成为较为固定的物候历法之参照动物。后来，这些关系演化成观念集中在特定的形象身上，便形成了龙”。

图腾合并说

此说以闻一多在《伏羲考》中的观点为代表。闻氏认为，龙“是一种图腾，并且是只存在于图腾中而不存在于生物界中的一种虚拟的生物，因为它是由许多不同的图腾糅合成的一种综合体”；是“蛇图腾兼并与同化了许多弱小单位的结果”。何星亮亦认为，“龙原是一种图腾，但它又与其他图腾有区别。它最初可能是一个部落的图腾，后来演变为超部落、越民族的神，成为中华民族共同敬奉的、延续时间最长的图腾神。”

天象树神说

何新曾认为“龙的真相和实体是云”，“龙就是云神的生命格”；

"最初的龙形不过是抽象的旋卷状的云纹。而后来逐渐趋于具体化、生物化，并且展开而接近于现实生物界中两栖类和爬行类动物的形象"。朱大顺指出，"幻想龙这一动物神的契机或起点，可能不是因为古人看到了与龙相类似的动物，而是看到天空中闪电的现象引起的。因为，如果把闪电作为基础来把它幻想成为一种动物的话，它很容易被幻想成为一条细长的、有四个脚的动物"。赵天吏认为雷电龙"三位一体"，龙就是雷电的形象。

胡昌健说，"龙的原型来自春天的自然景观——蛰雷闪电的勾曲之状、蠢动的冬虫、勾曲萌生的草木、三月始现的雨后彩虹，等等……其中虹是龙的最直接的原型，因为虹有美丽、具体的可视形象"。

尹荣方的看法别致一些，他认为，"中国人传说中的龙，原是树神的化身。中国人对龙的崇拜，是树神崇拜的曲折反映，龙是树神，是植物之神。龙的原型是四季常青的松、柏（主要是松）一类乔木"，"松、龙不仅在外部形象上惊人地相似，而且龙的其他属性，与松也同样惊人地相似"。

恐龙遗记说

叶玉森、徐知白及美国学者海斯等主张龙的观念应是远古先民对于巨大的爬行动物恐龙的记忆，或主张先民因对恐龙的恐惧而产生龙崇拜。王大有说，"龙，被古人公认为最原始的祖型，可能还是恐龙。古人以具有四足、细颈、长尾，类蛇、牛、虎头的爬行动物为龙，这可能是古人当时见到并描绘下来的某种恐龙形象……或许古人见到的龙，真的就是恐龙，后来它们渐渐见不到了，才把它的同类海鳄、湾鳄或扬子鳄与其视为一类，加以崇拜"。

外邦传入说

章鸿钊认为中国的龙就是西方文化中的毒龙，约在黄帝时期传入中土。英国学者史密斯认为世界上的各大文明皆有龙，而且所有的龙都出于同一个文化发源地——巴比伦，中国的龙同样也是巴比伦古龙的后裔。

模糊集合说

对于龙的起源和本质，庞进提出了“模糊集合说”，即认为龙是古人对鱼、鳄、蛇、猪、马、牛等动物，和云雾、雷电、虹霓等自然天象模糊集合而产生的一种神物。中国龙起源于新石器时代，是原始先民对身外异己力量模糊崇拜的产物，是以现实生物和自然天象为基础，贯穿着、体现着模糊思维的艺术创造。

作为古生物的恐龙，灭绝于距今七千万年左右的中生代，最早的猿人生活于300万年以前的更新世，中间相差了六千多万年，因此，猿人是不可能看到恐龙的，也就更谈不上对恐龙的记忆和恐惧，显然，龙为恐龙遗记说是不能成立的。

章鸿钊是中国文化西来说的主张者，其观点仅仅是一种理论假设。西方文化中的毒龙和中国文化中的神龙在与水的关系上有相似之处，但总体上差异很大。史密斯的说法缘于他的极端传播论，即坚持认为世界文化发源于埃及和巴比伦，两人的观点都产生于20世纪初期，随着中外学者对文化现象研究的深入，中国文化西来说和极端传播论都失去了市场，龙为外邦传入说也就为学术界所不取了。

学术界对龙为图腾合并说也有比较大的争议，否定的观点认为，“迄今为止，考古学，历史学均无可信资料证明，在中国历史上曾有过一个强大的以蛇为图腾的氏族部落，至于兼并与融合其他以马、狗、鱼、鸟、鹿为图腾的氏族部落的说法更是完全出于臆想”（刘志雄、杨静荣）。学者们还指出，将中国古文物上出现的动物造型或纹饰视作图腾的表现形式，也是非常错误的。因为考古学中的某一类型文化与社会学中某一氏族部落是两个完全不同的概念，还有的学者从图腾文化的基本特征提出悖论，如：几乎所有图腾都是自然界中存在的具体的生物或无生物，而龙是自然界中不存在的“神物”；图腾是氏族群体成员崇敬的对象，是不得损害、毁伤或杀害的，而在中国的古代典籍和神话传说中，不乏贬龙、辱龙、斗龙、斩龙的载述。

## 中国人生活中的龙

龙并不是中国特有的，许多民族都有关于龙的神话传说。但是像中国这样，以龙为荣、为尊，而且各种事物都多少跟龙有点关系的国家却是绝无仅有的。在中国，带有龙名的地方数以千计，其中又有以数字为题的，如吉林省的二龙、江西省的三龙、辽宁省的四龙；有些以龙的身体为题，如江西省的龙头、四川省的龙角、贵州省的龙额、黑龙江省的龙爪；有些以龙群为题，可以组成龙王、龙母、大龙、小龙、金龙、木龙、水龙、土龙，等等。中国含“龙”字的江河，可查的就有40多条，而我们熟识的黄、青、赤、白、黑龙，就分别在四川省（黄龙

龙纹器皿

河)、河北省（青龙河和赤龙河)、天津（青龙湾河和黑龙港河)、甘肃省（白龙江)、上海（白龙港河）和黑龙江省（黑龙江），都有以“龙”字命名的江河。几乎每一省都有龙江、龙湖、龙山、龙洞、龙泉、龙潭，还有数不清的龙王庙。

日常生活中也有龙的踪迹。衣有龙袍、龙冠；食有龙虾、龙眼、龙须面；建筑有龙宫、龙亭；行有龙舟、龙车；家具有龙椅、龙床。正月十五要舞龙灯，五月端午要赛龙船。动物有龙马、龙蚤；植物有龙葵、龙舌兰、龙须草、龙须菜、龙柏、龙爪槐。风水宝地叫龙穴，抽水的水车叫龙骨水车，大吊车叫龙门吊。天上有龙星，地下有龙脉。古代的类书中和龙有关的名词不下数百。一千年前编辑的《太平广记》搜集的龙的神话小说，就有81则。在中国，龙简直无所不在。龙的文化源远流长。

## 龙　王

龙是中国古代神话的四灵之一。《太上洞渊神咒经》中有“龙王品”，列有以方位为区分的“五帝龙王”，以海洋为区分的“四海龙王”，以天地万物为区分的54名龙王名字和62名神龙王的名字。唐玄宗时，诏祠龙池，设坛官致祭，以祭雨师之仪祭龙王。宋太祖沿用唐代祭五龙之制。宋徽宗大观二年（1108年）诏天下五龙皆封王爵。封青龙神为广仁王，赤龙神为嘉泽王，黄龙神为孚应王，白龙神为义济王，黑龙神为灵泽王。清同治二年（1863年）又封运河龙神为“延庥显应分水龙王之神”，令河道总督以时致祭。在《西游记》中，龙王分别是：东海敖广、南海敖钦、西海敖闰、北海敖顺，称为四海龙王。

由此，龙王之职就是兴云布雨，为人消除炎热的烦恼，龙王治水

清代缂丝团龙

成了民间普遍的信仰。道教《太上洞渊神咒经》中的“龙王品”就称，“国土炎旱，五谷不收，三三两两莫知何计时”，元始天尊乘五色云来临国土，与诸天龙王等宣扬正法，普救众生，大雨洪流，应时甘润。

龙王神诞之日，各种文献记载和各地民间传说均有差异。旧时专门供奉龙王之庙宇几乎与城隍、土地之庙宇同样普遍。每逢风雨失调，久旱不雨，或久雨不止时，民众都要到龙王庙烧香祈愿，以求龙王治水，风调雨顺。

在佛教经典传入中国前，龙王一词在我国道教中已出现。在道教的有关典籍中早有诸天龙王、五方龙王等说法。由于印度佛经中的Naga“那迦”和中国汉地龙惊人的相似性，所以在佛经汉译的过程中，“那迦”一致被译为“龙”。

上古时代中国海神的形象是鸟身，后演变为水族。佛教传入中土后，佛经中大量龙王的称谓和事迹，也导致了“龙王”与中国传统文化中的“龙”的混淆。其实后世神话传奇小说中的龙，包括《封神榜》和《西游记》中描写的东海龙王和李朝威《柳毅传》中描写的洞庭湖龙君龙女，都是佛经中“Naga”形象的演化，与中华民族是“龙的传人”的龙并不是一回事。只是这两种龙经过长期流传，在民间信仰的层次上已经融合在一起了。在中国传奇小说中，龙的外形也发生了很大变化，一般是头上有角，身上有鳞，体若长鱼。这一形象已经具有两者结合的特点。

《说文》云：龙鳞虫之长，能幽能明，能小能大，能长能短。春分而登天，秋分而入地顺也。

三国时张揖著《广雅》说：有鳞曰蛟龙。有翼曰应龙，有角曰虬，无角曰螭，未升天曰蟠龙。

清初张英等编纂《渊鉴类函》辑录了三种龙的分类办法。

第一种分类法说：有四种龙：（一）天龙，守天宫殿持令不落者；（二）神龙，兴云致雨益人间者；（三）地龙，决江开渎者；（四）伏藏，守轮王大福人藏者。

第二种分类法认为：“龙有胎、卵、湿、化四种。”

第三种分类法认为：“龙有五种，象龙、马龙、鱼龙、虾蟆龙，此四种旁类；蛇龙，五龙之长，是正类。”

《华严经》可以说是佛教中描述宇宙万物的大全，据说此经内容太多，佛陀传完后本来没有在人间流传，存于海龙王处，数百年后，大智者龙树誓要学遍世间一切经典，后来被龙王请到龙宫中，看到无量佛经甚为赞叹，特别记下了部分华严经，后流传于世间，成为世间最圆满的佛典。

《华严经》中关于龙王的典故很多：龙王降雨。不从身出。不从心出。无有积集。而非不见。但以龙王心念力故。霈然洪水。周遍天下。如是境界不思议。

藏族、蒙古族也受到佛教的影响，有关于龙的文化和龙王崇拜，著名的藏传佛教中还非常重视龙王的供养。著名的龙王宝瓶据说可以增加地气，风调雨顺。让龙王水众全力护持佛法。

大藏经中有极多关于龙王的经文，还有多种龙王咒，提到地球各处有数以亿计的龙族，其中有皈依护持佛法者，甚至有得道的龙王菩萨。最著名的“佛说海龙王经”中有龙王详细的描述和种种因缘。

可见龙文化是一种非常复杂的现象：

一方面，在图腾崇拜，野兽恐惧，未解之谜，上古神话等等文化现象中，不断产生龙的传说和极多艺术变形图案。

另一方面，又有大量遭遇龙的历史记载，龙可能是某种或某几种已知或未知的动物，被人看到后强化了对龙的描述和传闻。

第三方面，有宗教思想和修行见闻的影响，有统治者意识形态介入，也使龙文化不断发展。

所以历史中，龙的形象不但包含了人们的想象和神话，也包含一些当时人们无法理解的见闻（如龙卷风等），甚至包含实体动物出现的经历。龙的故事中有真有假，真伪难辨，使得龙变成了一种亦幻亦真的神物。

佛教的说法：关于龙族（龙王）和龙的区别。

印度佛经中的龙和中原传说中的龙有区别。

由于地缘文化等关系，藏传佛教完整地保留了很多原始佛教的内容，因此我们不妨从藏传佛教的角度来分析印度佛教中的龙和汉族传说中的龙。

关于龙的形象，汉藏几乎相同，和中国帝王们绣在龙袍上的图案差不多。有变大变小的能力，常与雨和云在一起。龙族梵文是 Naga，藏文是 klu，即是印度及佛经中的龙族，汉人俗称的龙王。印度传说中，它们拥有可以照亮黑暗的地底世界的世间罕有的宝石，能在湖海及水族中称王为尊。它和蛇与水族有关，一般住水里，如河海湖泊和井等，但也有居住在地上的。它们不喜欢环境污染和烟，譬如香烟的烟和我们烧烤的烟。它们可以变人、蛇或其他形态。在西藏的画里，常见它们化为半人半蛇相，分雌雄，雄的平胸男人首，雌的女首大胸。华夏传说中的半人蛇，如女娲伏羲等先祖，以及蛇类原始图腾与这些形象出奇地相似。

半人半蛇相龙族在西藏的画里，又分寂静或忿怒类。寂静的手拿宝瓶或伏藏经书，忿怒的拿武器。在需要特别表明是海里的龙族时，一般画法是画其手上拿着珊瑚或珍珠。它们喜欢宝贝，所以会守护在有财宝、矿和宝藏的地方。

龙族有好有坏。如果惹它们生气了，它们也会害人，大的可祸害地区，小的就令人生病，一般为皮肤病。我们可以用汉语的龙王来代表龙族（naga），而用龙、蛟、虬、虺、螭等来代表一般的龙系生物（brug）。他们是不同的族群。但在汉地，由于文化原因，并没有加以明确区分。

佛典中的龙王龙女听经，汉地拜的五方龙神，海龙王等，应该是龙族（naga），而不是一般的龙。

龙王宝瓶也指供养龙族的宝瓶。祈雨时修供养龙王的法。龙树菩萨（Nagar juna）名字里的龙（Naga）是龙族，而不是汉地的龙（brug）。各种神话传说中的龙宫和龙树去取经的龙宫，也是龙族的宫殿。《西游记》故事里陪唐僧上路的变马的龙，应该也是龙族，因为龙（burg）不会变成马。

由上可见，龙王和龙的概念是有所区别的。

## 西方文化中的龙

龙的传说并非中国所独有，几乎世界各大古老文明都有它的掌故。如巴比伦的古龙、北欧的毒龙、犹太人的撒旦、印度的那伽（Naga）。在北美，玛雅人也有以龙为题的艺术，有人研究认为它是从亚洲传过去的。

欧洲国家对“dragon”的含义有众多解释，最重要的有如下几种：一种蟒或巨大的蛇；神话中的怪兽，是一种巨大的爬行动物，通常结构像蛇和鳄鱼，有坚硬的爪子，皮肤上有鳞片，通常都有翅膀，有时会吐火，是爬行动物和哺乳动物的结合。上古和中世纪对龙的描述包括：金苹果园的守卫，月亮女神的坐骑，被贝奥武甫和圣乔治等屠龙者所杀……第三种解释则出自《圣经》，在旧约的拉丁文和希腊文译本中，海里和陆地上的两种巨兽（Leviathan 和 Behemoth）也许和龙有关。新约中称为“古蛇”的就是撒旦。

西方文化中首次对龙进行描述的是《动物寓言集》：龙的头上有羽毛，嘴很小，它通过气孔呼吸，舌头也从中吐出；它的牙齿和尾巴都很有力量；它是通过吹气而不是拍打来杀死敌人的，它的尾巴卷起来可以杀死一切东西。书中有一幅它用尾巴杀死大象的图片，将它与魔鬼进行了比较，认为它与魔鬼十分相似。

西方当代学者对神话传说中的龙的形象进行了总结，得出了如下结论：龙是恒温动物，通常都有翅膀，骨头是中空的，以减轻身体的重量。龙的骨头比强化混凝土还要强壮，也更轻。龙的肌肉系统是最迷人也最复杂的。它撕咬的力量平均为每立方厘米两吨，能轻易地咬碎钢铁。在陆地上，它的四肢能承受强大的负荷，而在空中仅能承受它身体重量的一半。龙的全身都覆盖着坚硬、发光的鳞片（脖子和腹部除外）。为了保护它比较脆弱的腹部，龙常常穿有镶满宝石的腹甲。龙的口水黏性很大，可以用来在自己的脖子和腹部上沾上宝石，用来保护和装饰。龙的鳞片是五角形的，成泪珠状，两边长，两边短，最短的一边连着皮肤。龙的颜色大致可分为三种：蓝色系——从深蓝到银色到珍珠母色。红色系——从红铜色到深红色到红黑色。绿色系——包括绿色、黄色、淡绿色、金色甚至深褐色。一条龙通常都不是单一的一种颜色，它的鳞片总会有一种色系里的几种颜色，同时又有金属光泽，所以很难辨认。龙一般喜好独居，它们的数量也不是很多。龙是个艺术爱好者，尤其喜欢金银和手工制品，它经常储藏宝物。它并不喜欢自己做手工活，所以只能用尽各种办法从人类那里获得。它唯恐失掉自己的财宝，总是在大的储藏室里看守宝物。它有所有宝物的详细清单，以便一旦丢失便可以马上发觉。珠宝对龙来说意义重大，所以它经常睡在铺满宝石的丝绸和天鹅绒的床上。

这里的描述和诸如崔西·西克曼与玛克丽特·魏丝的《龙枪》系列之类的文学作品中对龙的描述基本一致。其实在这类文学作品里，龙基本上还是作为正义一方的代表出现，至少也是一种可被正义一方利用的中间力量。

溯及基督教统治欧洲之前的神话，只有希腊神话较为可考。希腊神话中提到龙的地方很多。神话中龙一般只是负责看守宝物的动物，它无所谓好坏，也无多少神性。龙在人们的心目中，通常具有正反两方面的矛盾特性——光明与黑暗，创造与破坏，雄性与雌性，同时将所有这些特性结合成为一体。所以，人们对龙的总体概念既不全是褒义，也不全是贬义。我们可以肯定：龙象征着支持着物质世界的原始力量，可以向正邪两方向转化。在中国传统文化中龙基本象征正面的、积极的力量，在欧洲不信基督教的时代基本上也有着相同含义：威尔士人即以红色龙旗为荣。但是到了基督教夺走各个民族的原始信仰的时代，龙被株连而成为破坏“神”的秩序的象征。

《新约》中，龙被看成是撒旦的化身，《启示录》里记载了大天使米迦勒屠龙的故事。“天上又现出异象来：有一条大红龙，七头十角，七个头上戴着七个冠冕”。“米迦勒同他的使者与龙争战，龙也同它的使者去争战”。“他抓住那龙，就是古蛇，又叫魔鬼，也叫撒旦，把它捆绑一千年，扔在无底坑里，将无底坑关闭，用印封上，使它不得再迷惑列国。”在圣经中，龙是作为撒旦的化身出现的，因此在基督教长久的精神统治中，它必然被丑化。所以龙在后世看来也就成了恶的化身，人们已经慢慢忘记了它的本意。

## 文学作品中的龙王

龙在民间文学艺术中都是人格化了的，海龙王有为民造福的，也有与民为害的。在神话小说《封神榜》、《西游记》，戏曲杂剧《柳毅传书》、《张羽煮海》中，都有善恶不同、性格似人的龙王出现。

在《西游记》中，有许多关于龙的描写以及龙的故事。随着民智开启，佛教信仰传入等因素，民间对龙王的形象有了改变。在这以前，龙王的印象大体都是正面的，但到了佛教开始兴盛后，龙王的地位开始下降，在《西游记》中已变成了配角，甚至是丑角。《西游记》中，孙悟空大闹的就是大家熟识的东海青龙王敖广的龙宫，四海龙王面对孙悟空时也无力反抗，只能战战兢兢地献上金箍棒、黄金甲等宝物，而出场时间也寥寥可数；而因为放火烧了龙宫，差点被玉帝处死，幸好被观音菩萨所救，成为了唐三藏的白马的龙王，正是另一个大家熟识的西海龙王敖闰的三太子。

洛神赋中的龙

除了在《西游记》中提及过四海龙王外，另一部章回小说《封神演义》中亦有龙王的出现。但在《封神演义》中，四海龙王在周武伐纣的战争中并没有担当任何重要角色。

在《封神演义》中，哪吒扮演了孙悟空在《西游记》中的角色。顽劣的哪吒不知自己身上带着的肚兜和腕镯是仙人的宝贝，在九河湾洗澡时将肚兜放在水中涮洗，造成了东海震动，连水晶宫也震动起来。东海龙王敖广（亦有一说法称敖光）派人调查，但派去的人却被顽劣的哪吒以宝贝打死了。敖广再派自己的三太子调查，但三太子也一样被哪吒所杀，更被哪吒剥皮抽筋。最后敖广向哪吒父亲李靖大兴问罪，并声言要向天帝奏告。哪吒心里不服气，追上敖广，将他揍了一顿。最后四海龙王向天帝上奏此事，抓了李靖一家解上天庭审判。这时哪吒一人担当过错，剖腹剜肠、剔骨肉还父母，这才平息了此事。最后哪吒在师傅太乙真人的帮助下复活，并担当了武王伐纣战争中的先锋。在这以后，在《封神演义》中便没再提到龙王。

# 第二章

## 凰

中国的凤凰传说起源于鸟，在《山海经》里："有鸟焉其状如鸡，五采而文，名曰凤皇。"《说文》中解释："凤，神鸟也。"《瑞应图》讲："凤凰，仁鸟也。"《诗经》里说："凤凰灵鸟。"《庄子逍遥游》里说："以鲲化为鹏，鹏即凤。"凤凰还有个名字叫鸾。在《山海经》里："有五采鸟三名：一曰凤鸟，一曰凰鸟，一曰鸾鸟。"所以《广雅》里说："鸾鸟，凤皇属也。"

有一个"百鸟朝凤"的传说，说的是黄帝即位，自觉天下太平，想亲眼看看传说中的凤凰。为此，他问教天老。天老回答：凤凰显形，乃是祥瑞的预兆，只有在太平盛世才出现。见到它一掠而过已是很不容易，如果能看到它在百鸟群里飞舞那更是千载难逢的祥瑞了。

黄帝听后很不高兴，他说：我即位以来，天下太平，为什么连凤凰的影子都没有看见？天老说：东有蚩尤，西有少昊，南有炎帝，北有颛顼，四方强敌虎视眈眈，何来太平？黄帝听罢便率兵讨伐，最后天下一统。于是他看见了一只带有五彩翎毛的大鸟在天空翱翔，而数不清的奇珍异鸟围着它翩翩起舞。黄帝知道，这只大鸟就是凤凰，也是他想看到的瑞象(《韩诗外传》)。

凤凰，凤者为雄，凰者为雌。因此，西汉司马相如作古琴曲“凤求凰”。但是龙凤相合，则把整个凤凰都“雌”化了。龙是鳞虫之长，凤是百鸟之王，瑞兽灵禽。尽管龙生龙，凤生凤，而龙凤配对早在陕西仰韶文化遗址出土的“龙凤纹”彩陶瓶上就出现了。

在中国传统的吉祥图案中，龙凤呈祥表示着一派祥和。舜帝曾经下命谱曲制乐，夔谱《九招》呈献，舜便率群臣演奏，当演奏到第三招时，百鸟齐鸣；第四招时，百兽悉舞；在最后一招，第九招时，只见金龙彩凤双双出现在云端。舜请教身边的老臣苍舒，苍舒回答，这就是龙凤呈祥，龙来了说明将风调雨顺，凤到了表示要国泰民安。他又说：自盘古开天地以来，只是偶尔见到龙舞或凤飞，龙凤双至，这还是第一次。

凤凰图

孔子曾经把老子比为龙，“神龙见首不见尾”，善变莫测；老子也曾经把孔子比作凤，称他：“凤鸟之文，戴圣婴仁，右智左贤。”在历史上，他们的学说正好“阴阳互补”。在这里，孔子提倡“有为”是为阳；老子提倡“无为”是为阴，这是“凤阳龙阴”的本来组合。因为凤朝阳而阳、龙近水而阴。但是后来，龙凤套在男女的身上，便颠鸾倒凤，阴阳错置。如跨凤乘龙，指夫妻双宿双飞，龙凤这里指的是男女。有趣的是，古代的帝王及其嫔妃们被称为“天上龙，地上凤”，演出了一幕幕的龙凤活剧。

在成语词典里，不难找到龙凤配对的成语。例如，龙兴凤举是指振兴王业、龙跃凤鸣是指人的才华超逸，龙驹凤雏或麟子凤雏则指年幼聪慧；珍稀的食物叫凤髓龙肝，脱俗的文章是龙章凤姿。

在阿拉伯的传说里，凤凰从火中而诞生。凤凰的生命是周期性的，每隔一段时间它就自焚一次。自焚前，它会唱一首优美的挽歌，用翅膀扇动火苗把自己化为灰烬，然后在灰烬中获得再生，永远不会死。

一般认为凤凰自焚的周期是500年一次，但是也有人说它是300年。据说在埃及的历史上，凤凰曾经出现过5次，即公元前866年、公元前566年、公元前266年、公元34年和公元334年。这就是说，埃及凤凰每300年自焚一次。巧合的是，据修道士史家泰西塔斯记载，耶稣去世和复活的时间正好是公元34年。

在埃及传说里，凤凰与太阳崇拜有关，它的真实原形可能是鹰，也可能是孔雀。根据希腊传说，凤凰生活在阿拉伯荒漠的一口井的旁边，它每天清晨都会在水里沐浴并唱着优美的歌曲。这时，埃及的太阳神就会驻车倾听。凤凰自焚以后，再生的凤凰会把自焚凤凰的灰烬放在蛋壳里，飞送到“太阳城”里太阳神的祭坛上。因此，凤凰又是不朽和再生的象征。凤凰后来被铸造为罗马帝国不朽城的象征性符号，对基督教文化也很有吸引力。

埃及的凤凰传说似乎和中国的传说不太一样。它没有和龙配套而雌化，而是独立的美好象征，而且周期性地自我再生。郭沫若先生作“凤凰涅槃”也受了这一文化的影响。

## 关于凤凰的传说

据《雨雅·释鸟》所记载，凤凰的形体为“鸡头，蛇颈，燕颔，龟背、鱼尾、五彩色，高六尺许”。是一个集众多动物于一身的神鸟，象征吉祥和永生。据载，周文王时期，在陕西凤翔、岐－山一带，就有“凤凰集于岐山，飞鸣过雍”，自此周朝遂兴的传说。

据汉代刘项《列仙传》载，春秋时，有一华山隐士叫萧史，善吹箫，能以箫作鸾凤声。偶遇秦穆公之女弄玉，恰好弄玉也十分喜爱吹箫，知音相遇，喜结伉俪，住在凤台，每日由箫史教弄玉吹凤鸣之声，终于引来凤凰一群。最后箫史和弄玉双双乘鸾跨凤，升天而去。从此萧史弄玉吹箫引凤的故事世代相传，成为夫妻美满婚姻的象征。

唐安史之乱之时，唐明皇李隆基被迫出逃蜀地，长安邻近诸郡告危。雍城因年久失修，城墙坍塌，守城太守心急如焚，动员全城百姓筑以新城进行防御，无奈新城筑起就塌，无法筑成。这一夜，天降瑞雪，皑皑一片。一只凤凰驾着祥云悄然落在雍城，在城西北角的三眼清泉边，引颈品饮清冽甘爽的清泉水，过后，踏雪绕城行走数里，一声长鸣，振翅而去。清晨，有人将此事禀报太守。太守忙率人前往察看，果然有凤足印迹绕城一周，太守大喜，认为这才是新城理想的选址，忙组织人力筑之。新筑之城果然牢固无比，不再倒塌。安史之乱平定之后，唐肃宗继位，为纪念凤凰栖落之地，遂将雍城改名凤翔，沿用至今。

凤凰很早就出现在图腾之中，是殷民族的标志。《诗经》中说：“天命玄鸟，降而生商”，殷始祖契的母亲简狄一次在河中沐浴，忽有玄鸟飞过，坠落一卵，被简狄吞食，因此怀孕生了契。契长大后协助

凤凰

禹治水有功，被封于商地，赐姓子氏，尊为玄王。从此有了商民族，殷人以后就把玄鸟作为自己氏族的图腾。玄鸟的形象类似燕子，后来随氏族部落的不断发展和融合，玄鸟逐渐演变成了有鸡冠、鹤足和孔雀尾巴的凤凰了。

凤凰

今天展现在人们眼前的凤凰的形象，已是数千年来逐步演化的结晶。它高度概括了中华民族形成、融合、发展的历史，对塑造、陶冶民族性格发挥着重要作用，其本身浓缩和寄寓了中华民族奋发向上、刚强坚忍的伟大精神。

儒家始祖孔子南游楚国时，楚国的隐士接舆路见孔子，曾以“凤德”来比喻世风不古，留下了“凤兮凤兮，何德之衰”的感叹。在楚国诗人屈原的诗作中，凤凰作为一种频繁使用的象征意象，用以指代贤能之人。“以凤比德”、“以凤比才”的思维方式亦体现了华夏民族对德行与才能的重视与培养。在出土的楚国时期的文物中，无论是丝织品上刺绣的凤凰，还是漆木器上彩绘的凤凰，以及雕刻造型中的凤凰，其基本特征都是引颈长鸣，振翅冲天，体现出一种向上升腾的动感和积极进取的价值取向。

西方有凤凰涅槃的神话，中国也有火凤凰的传说。中西方的神话传说都有一个共同的特征，那就是凤凰象征着生命、活力与激情。

## 凤凰的形象与地位

因自然界中无凤凰这种鸟，我们只能从古代的有关典籍中领略凤凰的形象。如《尔雅》郭璞注：“鸡头、蛇颈、燕颔、龟背、鱼尾、五彩色，高六尺许。”《山海经·图赞》上说凤凰有五种像文字的纹路：“首文曰德，翼文曰顺，背文曰义，腹文曰信，膺文曰仁。”汉代许慎在《说文解字》说：凤凰“出于东方君子之国，翱翔四海之外，濯羽弱水，莫（暮）宿风（丹）穴，见则天下大安宁。”书中引黄帝的臣子天老的话说：“凤之象也，鸿前麟后，蛇颈鱼尾，鹳颡鸳思（腮），龙文虎背，燕颔鸡喙，五色备举。”

有关凤凰的原型，说法大体也有三种：一种认为凤凰崇拜实际源于上古石器时代的鸵鸟，因为传说中的凤凰是太阳之鸟，又是歌舞之鸟。而鸵鸟在上古时代曾是太阳神图腾，它能辨听音乐，也极善于舞蹈。但这种鸵鸟约在距今四千年之际在中国灭绝，因此后世的凤凰颇多想象的色彩。第二说法，凤凰实际是两种自然神的组合，凤即风，是风神崇拜；凰即皇，是日帝崇拜，只是在后来的演变中被附会转化为多种鸟生物。第三种说法，凤凰是鸟图腾的融合与神化，如同龙是兽（以蛇为主体）图腾的融合与神化一样。从艺术作品中可以看出凤的形象是：锦鸡头、鹦鹉嘴、鸳鸯身、大鹏翅、孔雀羽、仙鹤足、五彩斑斓，仪态万方。

大约也是在龙被封建帝王垄断之后，凤凰也就为皇家所专有了。中国文化极重天地、阴阳、男女相合的观念，既然龙代表帝王，代表天，代表阳，那就必须有一种神物代表后妃，代表地，代表阴，凤凰也就因它的神性而中选。乾坤相合，龙凤相配，成了理所当然的事。

凤凰自古被汉民族视为富贵吉祥的神鸟。古人认为，如果世上出现凤凰，则“时代呈祥”，定然是“国祚将兴”的吉兆。西周之兴，传说是因有“凤鸣岐山”之故。汉语有“望子成龙，望女成凤”的说法，中国女性的名字中常有带“凤”字，这些都寄托了人们向往幸福美好生活的愿望。凤凰还比喻某些罕见、珍贵的事物，如有成语“凤毛麟角”。

中国自古以农立国，历法在农时中占主导地位，古时便以“凤鸟氏”作为管理历法的第一官职。黄帝的儿子少昊，是剡国君主剡子的祖先。鲁昭公十七年，剡子到鲁国访问，鲁昭公问他：“少皋氏为何叫做鸟官名呢?”剡子回答：“少昊是我的祖先，他登位时有凤凰飞来祝贺，为了纪念鸟，便以各种鸟命名各种不同的官职，凤鸟氏，是管理历法的官。”

远古时，凤的地位高于龙，从出土的文物中，如楚国时期的一些

龙凤木雕

壁画、帛画中，可以看到凤占主导地位，展翅飞翔的凤敢于追龙。渐渐地两者的地位发生了变化，尤其是在漫长的封建社会中，龙成了历代帝王的“图腾”，其他任何人是不能用的。而凤则降为附属的位置，用于皇后嫔妃等。到了清代慈禧太后时，她为了突出自己，便一改龙凤的位置，变成凤在上，龙在下。清东陵的慈禧太后墓宫中的壁画，就是这样的图案。

深受人们青睐的凤凰走进民间，受到老百姓的喜爱，在衣食住行等方面到处都有凤的身影，如穿戴有凤冠、凤鞋、凤钗；吃有凤翅、凤爪；住有凤楼；节日或婚娶喜庆时，剪个凤凰贴在室内，满堂生辉；出行有凤辇、凤扇；吹奏有凤笙、凤箫等；还有龙飞凤舞、龙凤呈祥、凤毛麟角等成语；给女孩子起名，如凤丽、凤云、凤君、文凤、金凤、银凤、丹凤等。特别是凤的精神鼓舞着女性的崛起，生活在穷乡僻壤的众多女子在市场经济大潮中敢于拼搏奋斗，与时俱进，成为时代的佼佼者，人们便赞美她们是“山沟里飞出的金凤凰”。

## 传说中的凤凰

凤凰，是传说中的“神鸟”、“长生鸟”、“百鸟之王”，有关它的神话传说，最早流传东方，因此有“东方神鸟”之称。

古埃及传说认为，凤凰和鹰一般大小，全身长有金色的羽毛，闪光的翅膀、斑斓的外表、鸣声悦耳，能给人降福添寿；同时认为世界上只有一只凤凰，它可以存活整整500年。在临死之时，凤凰就采集芳香植物的树枝和香草，筑造一个巢，然后点火自焚，在熊熊火焰中，一只幼凤凰诞生了——新生的幼凤凰就将老凤凰的骨灰装进没药蛋中，在蛋上涂上防腐的香料油，带着它飞到太阳神赫利帕里斯那里，由太阳神将它放在太阳庙的神坛上。在我国古代也有类似的神话。

凤凰石雕

凤为传说中的瑞鸟，《山海经·南山经》云：“其全羽毛皆成文字，首文曰德，翼文曰义，背文曰礼，膺文曰仁，腹文曰信。是鸟也，饮食自然，自歌自舞，见则天下安宁。”《格物总论》载：“凤，神鸟也，五色备举。出东方君子之国。见则天下安宁，飞则禽鸟随之，故曰羽虫三百六十而凤为之长。”宋人欧阳修有《咏凤》诗：“南山有鸣凤，其音和且清，鸣于有道国，出则天下平。”传说凤凰不啄活虫、不折生草、不群居、不去污秽处、无罗网之难；非梧桐不居、非竹不食、非灵泉不饮；飞则百鸟从之。据《山海经》称，凤凰生于南极之丹穴，丹穴是丹山，为朝阳之谷，凤凰生于丹山，故名丹凤。因此为丹凤朝阳，喻为高而志远，后人比喻高才逢良时。

四灵之一的朱雀，汉代人又称为朱鸟，朱雀与朱鸟就是凤凰。所以凤凰是南方赤色的代表，它的别名还有玄鸟、鸾鸟等。古人视凤凰为鸟中之王、神鸟、瑞鸟，见到它则大吉大利，天下安宁，子孙盛昌。古来有关凤凰的传说故事很多，传统年画、民间工艺美术中，以凤凰为题材的图案运用也较普遍，反映人们对光明、美好、爱情、幸福的追求和向往。

## 龙凤呈祥

在中国传统的吉祥图案中，《龙凤呈祥》是很好看的一种。画面上，龙、凤各居一半。龙是升龙，张口旋身，回首望凤；凤是翔凤，展翅翘尾，举目眺龙。周围瑞云朵朵，一派祥和之气。

龙和凤为什么要相配合、相对应而出现呢？

陕西宝鸡北首岭仰韶文化遗址曾出土一件“龙凤纹”彩陶细颈瓶。这件珍贵文物说明，龙和凤都起源于距今七八千年的新石器时期，而且差不多是同步的。

作为源远流长、蕴涵丰富的文化现象，龙和凤都是中华民族的图章、徽记、标志和象征。如果将中华民族的传统文化符号按其功能效应排个座次，龙无疑要坐第一把交椅，那么第二位就是凤了。

剪纸龙凤

龙有喜水、好飞、通天、善变、灵异、征瑞、兆祸、示威等神性。

凤有喜火、向阳、秉德、兆瑞、崇高、尚洁、示美、喻情等神性。

神性的互补和对应，使龙和凤走到了一起：一个是鳞族之长、众兽之君，一个是羽族之长、百鸟之王；一个变化飞腾而灵异，一个高雅美善而祥瑞。两者之间的美好的互助合作关系建立起来，便“龙飞凤舞”、“龙凤呈祥”了。

凤的取材对象主要是鸟禽，而鸟禽绝大多数都是喜欢温暖，喜爱阳光的，因此，凤凰又称“太阳鸟”、“阳禽”、“火精”，所谓“丹凤朝阳”、“凤鸣朝阳”、“火凤凰”。

这样，从新石器时代到盛行阴阳五行学说的春秋战国时期，凤大都是以“阳”的面貌出现。而龙，因其取材对象多为“水物”、“水兽”和“水象”，在其形成的初期，基本上是以“阴”的面貌出现。

龙和凤的配合、结合、对应，反映着古人的阴阳观。出土于商代和战国时期的玉饰、玉佩，有的龙衔凤，有的凤驮龙，有的龙在凤下，有的龙凤同体，说明当时人们已认识到：阴阳是不同的、相对的，又

龙凤璧

是相关的，谁也离不开谁。

属于殷商时期的“龙凤冠人形”玉佩是比较典型的例子。龙在右，凤在左，龙张口低头，凤曲颈扬首。龙凤连体，且同时被人戴在头上。这既反映着阴阳谐和的观念，也可见当时龙凤受人们尊重的程度。

如果说“龙凤冠人形”玉佩反映的是古人对龙和凤的尊崇，那么，反映在“龙凤人物”帛画上面的就不仅仅是尊崇了。

此帛画出土于湖南长沙陈家大山楚墓。画面上的龙，竖身卷尾，头脸朝天，肢爪划动，跃跃欲上。旁边是它的合作伙伴凤昂首展翅、飒然飞举。龙凤之下，站一位双手合掌、祈求升天的裙服女子。

显然，龙和凤在这里密切合作，共同承担着导引人们脱离俗尘，升达天堂的重任——龙凤成为人们崇拜、祈祷的对象了。

战国时期，还出现了一批龙和凤交缠、纠结在一起的图形。像出土于河北省平山县中山国墓葬的“四龙四凤”器座就很有名。木质案面已朽损不存，案座为四龙四凤缠绕盘结，四条卧鹿为案足，分列底盘四周沿下。龙为双身三尾，尾梢反挂龙角；龙肩生出双翼，龙翼彼此连接。凤头凤爪从龙尾的连环中探出。龙的鳞片和凤的羽毛清晰可辨。

龙凤纹

湖北省江陵马山一号楚墓曾出土一批丝织品，上面的刺绣纹样都是绚丽秀美的龙和凤。有“蟠龙飞凤纹”、“舞凤逐龙纹”、“舞凤飞龙纹”、“龙凤合体纹”，等等。这些纹样上的龙和凤，或翩翩对舞，或逗嬉成趣，或交缠纠结，或顾盼生姿。

龙和凤还被用作对当时贤德圣人的称颂。有这样一个故事：当年孔子曾专程赴洛邑拜见老子。回来后，孔子三天不讲话，弟子们问他见老子时说了些什么，孔子感叹道：我竟然见到了龙！孔子说，老子就像龙一样，“合而成体，散而成章，乘云气而翔乎阴阳”，以至于自己“口张而不能合，舌举而不能讯”，又怎么能规谏人家呢！这是孔子称老子为龙。

另一则故事说：老子见孔子带着五位弟子在前面走，就问五个弟子分别是谁，怎么样。孔子回答说，子路勇敢、力气大，子贡有智谋，曾子孝顺父母，颜回注重仁义，子张有武功。老子听后感叹道：我听说南方有鸟，其名为凤，“凤鸟之文，戴圣婴仁，右智左贤”。这是老子比孔子为凤。

孔子用龙比老子，是取了龙升天潜渊、灵异善变的神性，来比老子的静动自如的神采，以及纵横天地不拘一格的思辨才能。老子用凤比孔子，则是取了凤的亲德嘉仁的神性，来比孔子的智善和悦的品性，以及仁爱为本、律己惠人的圣德。

大约从秦汉开始，龙和凤的关系有了变化。

一方面是继续对应、结合。如秦代的“鎏金龙凤纹银盘”、汉代的“四神纹”瓦当、陕北榆林出土的汉墓石门上的龙凤纹、北魏的墓志边缘装饰画、仙人乘龙跨凤石刻、隋代的青瓷凤头龙柄壶、唐代的龙凤纹铜镜、宋代的凤纹龙把玉碗、元代的龙泉窑贴花龙凤纹盖罐、明代的天坛祈年殿的龙凤图、龙凤石、清代的珐琅彩龙凤纹双连瓶、刺绣龙凤呈祥图案、彩绣龙凤双喜纱帘等。这样的对应与结合，一直延续到当代。

明代龙凤纹

另一方面，龙的身上开始有了象征君主帝王的神性。君主帝王们都说自己是“真龙天子”，如秦始皇称“祖龙”，汉高祖是其母感蛟龙而生，而且生得“隆准而龙颜”，王莽要“当仙成龙”，汉光武帝“梦赤龙”，等等。

既然帝王们自称为龙自比为龙，作为对应，帝后妃嫔们就开始称凤比凤了。帝王服“龙袍”，帝后便戴“凤冠”；帝王住“龙邸”，帝后便居“凤楼”；帝王有“龙火衣”，帝后便有“凤头鞋”，等等。

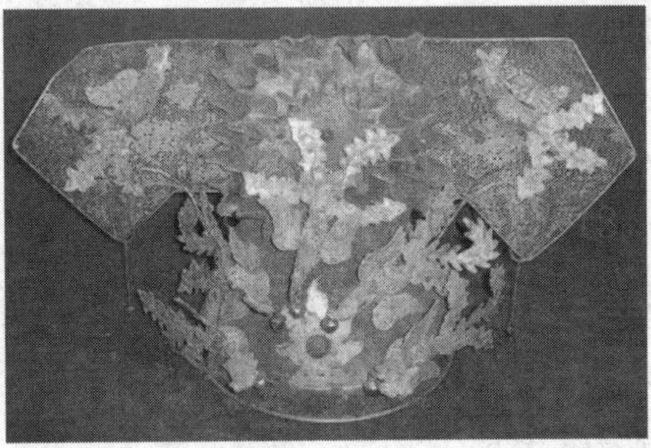

古代皇后凤冠

这样一对应，凤便有了一个大的变化：即由“阳”转“阴”，整体上趋于“雌性化”。因为，帝王们绝大多数都是男的，手中又掌握着至高无上、威力无边的权力，加上龙身上集纳和具备了众多“阳”性的特征，其呼风唤雨的威力、飞举变化的能量，也和属“阳”的男性相吻合；而凤由于其外表美丽，和优美舒展、婀娜多姿属“阴”的女性相接近。

本来凤是凤凰的简称，是分雌雄的。但在和作为帝王的龙对应之后，就雌雄不分，整个“雌”化了。

湖南衡阳的牌楼乡，有一个名为“游龙戏凤”的牌楼冲。相传早年有个皇帝巡游到此，结识了聪明漂亮的卖酒女子李凤姣，于是演绎出一段“游龙戏凤”的故事。有人还据此编了一出戏上演。李凤姣去世后，皇帝下诏在当地的凤凰山麓建了这座石质牌楼以示怀念。

相传唐朝初年，精通星相学的袁天纲从京师长安南下入蜀，于端阳节这天到达利州城，即现在的广元市。当时，嘉陵江里正在举行龙舟竞赛，利州都督武士约一家也坐在官船上观看。突然，从江水深处窜出一条乌龙，摇头摆尾地向西山飞去；几乎是同时，一只凤凰也伴着彩霞飞来，在东山顶上长鸣一声，然后向北方飞去。众人和武都督夫妻都被眼前的景象吓呆了，唯有袁天纲爽声大笑，说："这叫龙凤呈祥，此地必出贵人。"第二年正月间，武都督的妻子生下一个女孩，就是后来中国的女皇帝——武则天。

据说武则天两岁的时候，武都督还请袁天纲看过相。当时武则天身穿男孩的服装，由奶妈抱着。袁天纲端详一会儿后，惊叹道："日角龙颜，龙睛凤项，伏羲之相，贵人之极也。"当得知是个女孩时，仍断言："是女，亦当主天下。"

这样的传说，难脱附会编造之嫌。但神话思维和造神活动，本来就是人的一种生存方式，因此，有意味的传说一般都久传不衰，且越传越奇，成为一种可以开发利用的文化资源。比如，利州人就根据"龙凤呈祥出贵人"的传说，将当年的西山、东山改称乌龙山和凤凰山。还在乌龙山修了皇泽寺，在凤凰山建了凤凰楼，这两座建筑物已成为广元城的标志。

晚清时期，名义上有皇帝，实际权力却掌握在慈禧太后手中。皇帝是"龙"，后妃为"凤"，龙为主，凤为从。这是"传统文化"，慈禧心中不悦，却不能彻底变更，折中的办法是龙凤并举。于是，清朝的皇家宫苑里就有了一些被称作"龙凤呈祥"的景致：颐和园仁寿殿前露台上陈列着铜龙和铜凤，当年慈禧太后就是在这龙凤喷出的袅袅香烟中，接受群臣的朝拜，进行她的"垂帘听政"的。

仁寿殿前还有三棵大松树，传说某年慈禧过生日，李莲英为了讨好主子，在三棵松树上挂满了彩灯。一棵树饰作龙形，另两棵树紧靠

凤纹卣

在一起，一棵饰成凤凰头，一棵饰成凤翅凤尾。合在一起称作“龙凤呈祥”。这样的寿礼使慈禧心花怒放，重赏了李莲英，还传旨在全园各大殿都装上电灯——这可能是中国最早使用电灯的记录。

颐和园昆明湖中，南湖岛最大，位于湖的东南部，岛上有一座龙王庙。这座圆形小岛原来的名字叫游龙阁，是为龙王准备的行宫。相传慈禧有一次游湖，问及此岛的名字及来历，太监如实禀告，慈禧很不高兴。李莲英见状，就出主意改名，于是，“游龙阁”就变成了“凤凰墩”。

这个凤凰墩与龙王庙相对称，构成了颐和园中的另一处“龙凤呈祥”。

在龙凤对比中，突出凤，可以说是慈禧一生的追求。她在德和园看戏时的座位，就不称“龙位”或“龙椅”，而称“金漆珐琅百鸟朝凤宝座”。据说，她起初常让光绪皇帝陪她看戏，却不给这位“儿皇

凤凰

帝”座位。可怜的光绪只能站在她身后。后来，名丑刘赶三心中不平，在演出时有意加了这样一句台词：“你们瞧，我是个假皇帝，还有座可坐，可那位真皇帝，却连个座也没有。”也许是慈禧看戏时心情还算好吧，她没有怪罪刘赶三，倒让人给皇帝搬了把椅子。

清东陵的定东陵是慈禧和慈安的陵寝。这慈禧陵三殿，其耗金之巨，工艺之精，使明清24位皇帝的宫殿都显得逊色了。尤其是隆恩殿正中的丹陛石雕更是别出心裁。这块石雕宽一米六，长三米多，图案为“凤引龙”：一只高高在上的大凤，凌空展翅，穿云俯首；一条出水小龙，曲身扬首，仰望大凤。同样寓意的图案还出现在隆恩殿周围的汉白玉栏杆上。而在月台的抱喜石上，干脆就“凤在上、龙在下”了。这些团凤，耸冠瞠目，翅翼微张，显得志得意满，简直是不可一世的骄凤！而身居下位的行龙，小头细身，唯骄凤的神采是瞻，实在是一副可怜相！

慈禧这种将凤抬高到龙之上的做法，在漫长的龙凤文化发展史上并不多见。一般情况下，都是龙为主凤为从，龙第一位，凤第二位；同时出现的时候，多是龙高凤低，龙大凤小，龙多凤少，反映着中国男权社会的现实。

定陵出土的万历皇帝金冠，是用很细的金丝编织而成的，上饰造型生动的“二龙戏珠”，堪称“龙冠”。而皇后戴的“凤冠”有三顶，一顶是“三龙三凤冠”，一顶是“九龙九凤冠”，一顶是“六龙三凤冠”。上面装饰的金龙，均在翠凤之上。

龙凤是劳动人民创造的神物，体现着人民群众的美好愿望，帝王、帝后自然不能全部垄断。龙与凤配合、对应的情形，广泛地流行于民众之间，反映在不同地域、不同民族的习俗之中。其寓意，多是阴阳和谐，婚恋美满，求吉祈福。

居住在东北的朝鲜族，有“龙凤匹配”的传说：龙子先化作蛇郎再化作英俊小伙儿向三姑娘求爱，婚后即去应考，三姑娘的姐姐偷烧了龙子留下的蛇皮，使考中状元的蛇郎只能以龙身飞回。三姑娘见状自杀，变成了一只火红的凤凰。于是龙凤和鸣，双双飞向天堂。

北京孔庙内出售一种石刻拓片，图案以上龙下凤为主，配以松、鹤、麒麟，构成一个大大的“寿”字，取名“龙凤呈祥”。

在孔圣人的家乡山东曲阜，随着尼山朱砂石的发现和开掘，兴起了刻送龙凤印章的习俗：小孩出生，是男娃就选龙，寓意“望子成龙”；是女孩就选凤，寓意“望女成凤”。或小伙子选凤送姑娘，姑娘选龙送小伙，寓意“龙凤”良缘，幸福绵长。

如果哪位喜得有男有女的双胞胎、三胞胎、四胞胎，人们就要以“龙凤胎”相称了。

表现在语言上，有“龙飞凤舞”、“龙章凤姿”、“龙盘凤逸”、“龙眉凤目”、“龙肝凤髓”和“龙生龙，凤生凤，老鼠的儿子会打洞”、“龙识珠，凤识宝，牛马只会识稻草”等等。

喜欢收藏的朋友都知道有一种铜钱比较珍贵，叫龙凤通宝。龙凤通宝是元朝“红巾军”农民起义迎立韩林儿为帝，建元“龙凤”时铸行的货币。此币正面有楷书阳文“龙凤通宝”四字，字体端庄。但正、背面都没有龙凤图纹。

有龙凤图纹的钱币是太平天国特大花钱。这种大花钱不是用来流通的，而是一种具有开炉性质或是为庆祝成功特别铸造的纪念币。现已发现的大花钱有大小不同的六七种。最大的重九斤左右，大小和重量堪称有史以来的钱币之最。大花钱正面有二龙戏珠图案，背面有双凤图案。

龙凤金牌是中国人民银行于 1983 年首次发行的高纯度金质纪念章，一套两枚。其正面图案为腾飞的龙凤。

双喜龙凤铜章也是一种有收藏价值的纪念章。上海造币厂制造，1984 年发行。全套两枚。正面图案为喜字和双喜鹊，背面图案为飞龙和飞凤，寓意喜庆和吉祥。

龙和凤还相依相伴地飞出国门。可以说，中华文化波及到哪儿，哪儿就有龙和凤矫健华美的英姿；华夏儿女的脚步走到哪里，哪里就有“龙凤呈祥”。

龙有种种神性，这些神性要用一个字来概括的话，就是“力”；凤也有种种神性，这些神性也可以归结成一个字：“美”。龙是力量的象征，凤是美丽的象征。龙和凤的结合，是力和美的结合；龙和凤的对应，是力和美的对应。

没有凤，龙就是孤单的龙；没有龙，凤就是凄清的凤。龙因力而生，凤因美而活。龙的力为凤的美提供着支撑和归宿，凤的美为龙的力提供了目标，增添了特别迷人的风情。

# 第三章

## 麒麟

中国的麒麟崇拜比龙、凤崇拜要晚，始于春秋时代。作为传说中的罕见神兽，麒麟形状像麋鹿，但比鹿大，马蹄牛尾，头上有独角。雄者为麒，雌者为麟，统称麒麟。麒麟虽外表狰狞，但内在仁厚，由于它性情温和、不伤害人畜、且蹄不踏青草和昆虫，所以《宋书符瑞志》里称："麒麟者，仁兽也。"《瑞应图》也说："麟者仁兽也，牡曰麒，牝曰麟，羊头鹿身。"

麒麟

我国现存古籍最早关于麒麟的记载，当是《诗经·周南》中的"麟之趾"，诗中写道："麟之趾，振振公子，于嗟麟兮。麟之啶，振振公性，于嗟麟兮。麟之角，振振公族，于嗟麟兮。”用比兴手法，将不恃富贵而信厚的周南国国君之子比作麒麟，将公子的美德比作麒麟的趾、定（即额）和角。

可见在春秋时期，人们已经把麒麟与吉祥、美德和权贵等联系在一起了。

麒麟

古代辞书典籍对麒麟的外貌和性情作了很多记载，《说文》中说：麒麟仁兽也，马身、牛尾、肉角。《尔雅》说：麟，麇身、牛尾、一角。《毛诗义疏》说：麟，马足、黄色、圆蹄，角端有肉。《史记·司马相如传》注引中说：麒麟“雄曰麒，雌曰麟。其状麇身，牛尾，狼蹄，一角。”《宋书·符瑞志》说：“麒麟者，仁兽也。牡曰麒，牝曰麟。不刳胎剖卵则至。麇身而牛尾，狼项而一角，黄色而马足。含仁而戴义，音中钟吕，步中规矩，不践生虫，不折生草，不食不义，不饮洿池，不入坑阱，不行罗网。明王动静有仪则见。牡鸣曰逝圣，牝鸣曰归和，春鸣曰扶幼，夏鸣曰养绥。”

麒麟的出现往往被看成是圣贤降世的标志。《毛诗义疏》称："圣人出，王道行则见。"《宋书·符瑞志》也称："明王动静有仪则见。"麒麟因其罕见，又被用来比喻罕见的人才和事物，成语"凤毛麟角"便是此意；西汉丞相萧何曾造"麒麟阁，以藏秘书，处贤才也"（《三辅黄图·汉宫殿疏》）也是这层含义。

麒麟雕像

麒麟为仁兽，古人自然将其与圣人联系在了一起。晋《拾遗记》中说："孔子未生时，有麟吐玉书于阙里人家。"就是说在孔子快诞生的时候，麒麟出现，嘴里吐出一块方帛，上面写着"水精之子孙，衰周而素王，徵在贤明。”第二天圣人孔子便诞生了。

传说汉武帝时曾得到过麒麟。元狩元年（公元前122年）冬十月帝行幸雍祠五峙，获得“白麟”，主祥瑞，帝作白麟之歌，为此将原来的年号元朔改为元狩，以庆吉祥。此外，他还修筑了麒麟阁（一说萧何造），赏赐群臣白金。汉宣帝甘露三年（公元前51年），画功臣霍光、张安世、韩增、赵充国、魏相、丙吉、杜延年、刘德、梁丘贺、萧望之、苏武11人图像于阁，以表其功。后世多以“麒麟阁”或“麟阁”表示卓越的功勋和最高的荣誉。又传宋太宗亦获麒麟，满朝称贺。麒麟预示征兆的吉祥意义已被广泛认同。

明永乐十三年，侯显出使榜葛剌（今孟加拉），榜葛剌国王献了一只麒麟作为礼物。这只麒麟“其神全似鹿，但颈甚长”，永乐皇帝命画工将其画下来，将画赏赐给大臣们。这在当时是一件吉祥大事，翰林院沈度特别撰了《瑞应麒麟颂》，称“降生麒麟，国家万万年，太平之征。”

但麒麟出现在乱世则绝不是吉祥的征兆。鲁哀公十四年，叔孙氏打猎时捕获一只怪兽，大家不知道它是麒麟，误以为不祥之物，麒麟竟遭遗弃而死。孔子的弟子冉求把这件事告诉了孔子，称它“像獐子有角”。孔子便要亲自前往观看，他对车夫说：如果按冉求所说，那不就是麒麟吗？到了一看，果然如此。孔子说：“天下太平，麟凤龟龙出现是祥瑞的预兆。现在周室将灭，它为什么出现呢？”于是想到自己，流着泪说：“我之于人，就像麟之于兽，麟出而死，我的道也到了尽头。”

## 麒麟造像在现实生活中的应用

麒麟，是上古中国人最企望出现的吉祥动物，它所具有的吉祥意义也随之牢牢地融入人们的意识之中，化入民俗生活，表现在民族文化的各个方面。

（一）求子与育子。因为传说麒麟曾在孔子出世时降临过，因而人们相信麒麟既可以送子，又可以佑子。于是，以“麒麟送子”为主题的民俗文化现象不仅见于图画、祝祷之语，而且也见于岁时活动，表现形式十分广泛，意在祈求、祝愿早生贵子，子孙贤德。《麒麟送子》的图案，既有繁，又有简。繁者或以童子为中心，戴长命锁，持莲抱笙；或为童子骑麒麟，角挂一书；或为童子背后有一仕女护送，仕女张伞持扇。简者为童子骑麒麟，手持莲花。在民间版画作品中，还多配吉祥联语“天上麒麟儿，地下状元郎”。

杨柳青年画：麒麟送子

（二）建筑装饰物。中国的建筑尤其是居民建筑，在房檐、房山墙、门楣、窗框、影壁、柱础、板墙、屋脊、抱鼓石等处以砖雕、木雕或石雕的方式装饰寓意深刻的吉祥图案，麒麟是其中常用的吉祥动物。有的在大门的两侧装饰石雕麒麟，既显示门庭高贵，又镇宅避邪。

（三）佩饰与纹样。人们都喜欢以麒麟的工艺造像作为护身符佩戴在身上，其质地有金、银、铜、玉等，尤其讲究为婴幼儿佩戴“麒麟锁”，以此为孩子祈祷长命百岁。此外，以麒麟的艺术造型为图案的传统纹样也被广泛使用。唐代武则天时，以麒麟作纹饰绣于袍服，名曰“麒麟袍”，专门赏赐给三品以上的武将穿用。明代时候，公侯、驸马、伯等身份的官员，才有资格穿饰有麒麟图案的官服；清代时，更规定武官一品的“补子”镶饰以麒麟。

麒麟成为等级制度的标志。在民间剪纸、年画、刺绣、蜡染等工艺美术品中，都留下了麒麟那鲜活的影子。

（四）赞语与祝词。民间多以“麒麟儿”、“麟儿”、“麟子”等为美称赞扬别人家的孩子。如南朝《陈书·除陵传》曰：“时宝志上人者，世称其有道，陵年数岁，家人携以侯之，宝志手摩其顶，曰‘天上石麒麟也’。”唐杜甫《杜工部草堂诗笺·徐卿二子歌》：“君不见徐卿二子生奇绝，感应吉梦相追随，孔子释氏亲抱送，并是天上麒麟儿。”；以“麟子凤雏”比喻贵族子孙；以“麟趾”祝颂子孙贤惠；以“麟趾呈祥”作为结婚喜联的横批，祝颂生育仁厚的后代；以“麟肝凤髓”比喻极为稀有的食品；以“麟角凤嘴”、“凤毛麟角”称赞和说明物品珍贵。

## 麒麟是否真实存在

麒麟是真实存在，还是人们想象的产物？对此问题看法分歧很大，众说纷纭。大致有如下几种代表性意见：

第一种见解认为，麒麟是由多种动物形象组合而成。由于古籍记载的麒麟是麇身，牛尾，马蹄（史籍中有说为“狼蹄”），鱼鳞皮，一角，角端有肉，黄色，有专家考证说这种造型是将许多实有动物肢解后的拼合体，把那些备受人们珍爱的动物所具备的优点全部集中在麒麟这一幻想中的神兽的建构上，充分体现了中国人的“集美”思想。

第二种见解认为，麒麟是根据实有的动物原型加以想象而成。有人说麒麟的原型是长颈鹿，有人认为麒麟尽管是由几种动物合成的，但是以鹿为基本原型。麒麟两字以“鹿”为偏旁，为此提供了造字学

青铜麒麟

上的根据。另考古发现汉砖上的麒麟似鹿或马，也是此说的根据之一。

第三种见解认为，麒麟的原型是犀牛和鹿的混合，是人类早期图腾崇拜的产物。持论者的理由是，犀牛产在印度的品种是独角，性情温和而食草，角可入药治疗大热。印度与中国接壤，此种动物在早期中国气候、草、植被、水泽完好的情况下，偶尔进入或引进中原是可能的。

第四种见解认为，麒麟是历史上真实存在的动物。东汉著名无神论者王充在《论衡》一书中，认为麒麟是常有之物，生长在鲁国的池沼中，所以在鲁国被捕获。何承天注《水经注济水篇》把鲁国捕获麒麟的地点进一步具体化了，说是在巨野一带。明代高拱在《春秋正旨》一书中，列举自己亲身见到麒麟的经历，说明麒麟的真实存在。

历史上也有多次麒麟出现的记载。在梁朝沈约《宋书·符瑞志》

中，收录了自汉武帝元狩元年（前 122 年）至东晋成帝威和八年（33 年）共 455 年之间麒麟出现的史料 15 条，共计 75 次，其中绝大多数麒麟均出现在北方，建康（今南京）仅出现 5 次。

尽管直到今天我们仍无法判断麒麟的历史真实性和准确起源，但无论怎样，麒麟作为祥瑞动物，由春秋至今的 2500 多年间，已深深植根于国人的意识中。

## 麒麟信仰与民间文化

传说龙生九子，长子为麟，个性不同，面貌似龙。故民间的麒麟头为龙头，以示其为龙之长子，并奉为“毛虫之长”。民间艺术中，狮子要向麒麟行鞠躬礼并让路迎送。又传麒麟乃仙街道德真君坐骑，足有风云，速如闪电，擅长入水与腾云驾雾。

在我国悠久的历史文化长河中，麒麟形象在民间艺术中得到充分的表达和展示，不同历史时期形成了不同的特征和气质。它的演变基本上经历了四个主要发展阶段，即春秋战国时期的朦胧美，两汉时期的古拙美，南北朝时期的雄健美，逐渐过渡到明清时期的繁华美。

在尚未发现有麒麟图案的远古时期，我国的古文字中，“麒麟”又作“騏驎”，以“鹿”和“马”为偏旁，可知最初古人认为麒麟在外形上与鹿和马是相似的。汉砖上的麒麟图案仍与鹿和马相似。汉以后，民间艺术中麒麟开始向龙靠近，头部像龙，身躯像鹿，长着龙鳞。还有的图画中麒麟尾带鳞片，脚下生火或口中吐火，称为“火麒麟”。

宋代的麒麟虽仍保持着鹿的特征，但颈部有了鬃毛，躯体覆盖鳞片，已经日益向龙形发展了。元代的麒麟明显龙形化：头部呈马头形，而头部的装饰和明代的龙的头部是一致的，头部的鬃毛也是前冲的，

麒麟工艺品

身上一般遍覆鳞片，马的蹄，四肢及身上有火焰披毛，色泽以青色为多，也有黄色和绿色的。

到清代，龙形化特征进一步固定，形成了“龙头、麋身、马蹄、龙鳞、狮尾”的形象。麒麟变成鹿形的龙，除了蹄子像鹿，尾巴像狮，躯体比龙短，其余都和龙一样了。因此，明清时期的麒麟实际上已可看做是一种变形的龙。明清美术和工艺中的麒麟形象，头部刻画得繁复华美，图案规范工整，与前代相比，已失去了那种雄健豪迈之气了。

从麒麟形象在民间的演变来看，它与龙有着千丝万缕的联系。龙凤研究专家王大有在《龙凤文化源流》一书中说：“麒麟……实际上是一种变异的龙，只易爪为蹄而已。”

## 麒麟与民间艺术

麒麟受到了古代人们普遍的欢迎。历代帝王喜爱麒麟，把它的出现，视为国之奇瑞，以示自己的皇威显赫，诏世清明；老百姓喜欢麒麟，认为它能给人增福添寿，带来吉祥。画麒麟、唱麒麟、舞麒麟，都会带来人丁兴旺，子孙成才，生活安定，福寿安康。麒麟形象出现在各种民间故事、传说、各种文艺作品和工艺用品、生活用品当中。

麒麟送子

麒麟送子是年画、剪纸、民间歌舞最常见的题材。流传于南方的一个传说讲，古代有一位老画师，年过半百，尚无子嗣，夫妻俩心中甚是着急。老画师平时爱画麒麟，屋内四壁满挂着神态各异的麒麟。有一天，老画师画完麒麟有些累了，他的妻子在灯下缝补衣衫也累了，一不小心，缝衣针刺破了手指，鲜血滴在了刚画完的图画上。二人正在着急之时，忽然麒麟从画面上站了起来，那一滴鲜血变成了一个身穿红肚兜的孩儿，骑在麒麟身上向他们走来。老两口高兴地迎上前去，

麒麟送子

不觉一惊，原来是个梦。老画师梦醒后，马上在麒麟身上画了一个右手托如意、左手举莲花、身穿红肚兜的小孩儿，取名“麒麟送子”。这张画画好后大受欢迎，很多人点名求购这样的画。老画师生意兴隆，他的妻子也怀上了孩子，生了个胖娃娃。这个孩子聪明过人，六岁就能赋诗作画，人称他“麒麟童”。从此，“麒麟送子”的习俗就慢慢流传开来。

“麟吐玉书”也是装饰上常见的题材。此典故来自孔子。相传孔子将生未生之时，有麒麟吐玉书于山东曲阜阙里人家，上有“水精之子孙，衰周而素五，徵在贤明”字样。告诉众人孔子非凡人，乃自然造化之子孙，虽未居帝王之位，却有帝王之德，堪称“素王”。孔子的母亲颜征明白这是祥瑞的征兆，就将一条系玺印的绣绳绑在麒麟的角上，以示谢意。不久孔子就降生了。周敬王末年时，有人在曲阜掘土犁田时，竟挖出了那条当初系于麟角的绣绳。以后，人们又引申出玉书三卷，孔子精读后成为圣人。至今，在文庙、学宫中还以《麟吐玉书》为装饰，以示祥瑞降临，圣贤诞生。传统吉祥图案《麟吐玉书》和“麒麟送

陕北窗花麒麟

子”的说法由此而来。

在民间艺术中，将有关麒麟的故事，融进了佛教故事中的“化生儿”等内容，把“麟吐玉书”、“莲花童子”、“莲生贵子”等内容，合成了“麒麟送子图”。它的完整形式是：童子身着命服（官服），骑乘麒麟，麒麟角上挂玉书，童子手中捧着莲花和笙，由送子之神护送（其中“笙”谐音“生”，以示生育之意）。“麒麟送子图”的含义是，祈求众多聪慧仁厚的子女出世；祝愿子女吉祥健康成长。这习俗直到今天仍在民间流行。

麒麟璧

麒麟形象如此美好，“麟”字便经常成为吉祥文字的代表，用在很多地名和人名中。如陕西省神木县北有麟州，据说这是汉武帝获白麟之处。黑龙江省鸡西市有麒麟山，传说金太祖阿骨打在此见过麒麟。古代名人中有北宋画家李公麟、南宋学者王应麟、明朝理学家史孟麟、清代名将彭玉麟，近代名人有徐锡麟、章炳麟、蒋梦麟、万福麟等等。

如果说龙凤是帝王的象征，那么麒麟则多与将相联系在一起，如汉武帝曾建麒麟阁，表彰功臣。麒麟袍是武则天当皇帝时，左右侍卫穿的袍子上绣饰的图案。到清朝时，武一品官、镇国将军、郡主额驸的补子均镶有麒麟，武二品官、辅国将军等的补服镶的是狮子，可见麒麟等级之高。有趣的是，在京剧的戏服中，不管哪个朝代的高级官员，均可以穿麒麟开氅，麒麟开氅以麒麟为主要图纹样，四周插底为“博古”图案，一般为黄色，也有黑色的，象征位高权重。宋有“千夫奉儒将，百兽伏麒麟”的诗句。

日月麒麟

古代的吉祥图案里，除了龙凤呈祥以外，还有麟凤呈祥。有成语叫威凤祥麟，指的就是凤的威仪和麒麟的吉祥。就是姑娘出嫁娘家要送锁麟囊，小小荷包内装有新娘子的私房钱，用锦缎丝线制成，取名锁麟囊是为了祈祝新娘子早生贵子之意。

麒麟题材普遍应用于各种工艺美术品和建筑当中。很多地方，人们给小孩子带用金银打制的麒麟造型或雕有麒麟图案的长命锁，寄予

“麟子”之意。有的用玉琢成麒麟。用金石锻铸雕凿成的麒麟，在历代帝都现存的宫、府、殿遗址，或有历史背景的大宅门前所在皆是。近些年来，银行、商业建筑和普通铺面，以麒麟为门前饰物的也越来越多。

麒麟也出现在民间游艺当中。舞麒麟虽不像舞龙、舞狮那么常见，但历史也由来已久。像《中国民间舞蹈集成（北京卷）》所载的京西秧歌，就有“麒麟送子”的造型。上海古籍出版社出版的《寿诞趣谈》一书，记载了江南地区流传甚久的“麒麟唱”。胡朴安先生的《中华全国风俗志》也讲到湖南长沙等地区变形“麒麟送子”祈子习俗：新正之月，每当耍龙灯的到主家时，要加送礼物，这样，人们就将龙围绕不孕妇女舞一圈，然后将龙缩短，上面骑一小孩在堂前绕行一周，就算麒麟送子了。

一品麒麟

除这些以秧歌、舞龙形式出现的麒麟送子舞蹈场面，舞狮子活动中也有一些与麒麟有关的记载。我国民间舞狮习俗起源于三国时期，有南狮、北狮之分，南狮以广东为中心，并流传到港澳和东南亚各国，流派很多，其中有一种叫“麒麟狮”。1996年，广东东莞樟木头成立麒麟武术协会，大胆对“舞麒麟”作了改革，变“舞麒麟”为“麒麟舞”，从以往“麒麟狮”的范畴中区别开来，称为民间艺术中的一个新品种，并得到全国民间艺术同行的认可。

# 第四章

# 古代四大神兽

## 东方青龙

在五行学说盛行的年代里，慢慢的也开始流传着有关青龙的传说；五行家们照着阴阳五行给东南西北中配上五种颜色，而每种颜色又配上一个神兽与一个神灵：东为青色，配龙；西为白色，配虎；南为朱色，配雀；北为黑色，配武；黄为中央正色。

在四方的神灵中，根据山海经的说法，“南方祝融，兽身人面，乘两龙”，“西方蓐收，左耳有蛇，乘两龙”，“东方有句芒，身鸟人面，乘两龙”，“北方禺疆，黑身手足，乘两龙”。比较有趣的一点是，在山海经中的龙都是用来骑乘的，而跟它同类的蛇则都是被或握或操或绕颈，显示出两者的不同来。

朱雀、玄武（黑色的龟蛇，武是龟蛇之意）、青龙、白虎又分别代表了四方的二十八宿。龙是东方的七宿——角、亢、氐、房、心、尾、箕，而这七宿的形状又极似龙形，从他们的字义上就可以看出来，角是龙的角，亢是颈项，氐是本，是颈根，房是膀，是胁，心是心脏，尾是尾，箕是尾末。因其位于东方，按阴阳五行给五方配色之说，东方色青，故名“青龙”。

还有在龙心的部分，有人称之为“大火”的，跟晴雨有关，又因为青龙属木，所以也是木星当年的年太岁。而在道教兴起之后，这些四灵也被冠上了人名，便于人类称呼，青龙叫“孟章”，白虎叫“监兵”，朱雀称“陵光”，玄武为“执明”，而在众多的朝代中也有一些君主取青龙来做自己的年号，如三国的魏明帝就是一例。而史记中也有关于夏朝是属于木德的朝代，所以也有“青龙生于郊”的祥瑞之兆的记载。

青龙瓦当

古代中国，头有角的为公龙；双角的称为龙，单角的称蛟；无角的为螭，古时玉佩常有大小双龙，仍称母子螭。因龙是神物，至高无上，是皇帝的象征，也是东方的代表，五行中是属木的，也因青色是属木的，故此有左青龙、右白虎的说法。

## 西方白虎

在中国四神兽中，另外一个常常跟龙相提并论的就是“白虎”。虎，为百兽之长，它的威猛和传说中降伏鬼物的能力，使得它也变成了属阳的神兽，常常跟着龙一起出动，“云从龙，风从虎”成为降伏鬼物的一对最佳拍档。

而白虎也是战神、杀伐之神。白虎具有避邪、禳灾、祈丰及惩恶和扬善、发财致富、喜结良缘等多种神力。而它是四灵之一，当然也是由星宿变成的。在二十八星宿之中，其位于西方七宿：奎、娄、胃、昴、毕、觜、参。所以是西方的代表，而它的白，是因西方在五行中属金，色是白的。所以它叫白虎不是因它的颜色是白色，而是从五行中的观念得名。

白虎瓦当

除了道教中的四灵包括了青龙白虎之外，风水师探勘墓地时，地形前方左右两边突起的地形，可以当作墓穴的地方，都有特定的称号，称左青龙、右白虎，取其护卫之意。公堂中也有相同的装饰，在左右堂柱上绘有青龙百虎，以其镇压邪灵。道教兴起之后，龙虎又被借用为道家炼丹的术语，指“铅汞、坎离、水火、阴阳”等同义词。而道家炼丹分内外，龙阳，生于离，离属火，故云“龙从火里出”；虎阴，生于坎，坎属水，故云“虎向水边生”，两者结合之后，一阴一阳，互相调和，称为道本，是元神、元精的代表。而另外一种说法是，性属木，木代表东方，于卦为震，故比为青龙；情属金，金代表西方，于卦为兑，金白色，故喻为白虎。金能够克木，故情多损性，而用二八之真精气，使之交合为一，则金木无间，龙虎自伏而成丹。在人体中则以肝为龙，肾为虎，而外丹则仍取阴阳之意，以龙为铅，虎为汞。

在古人心目中，老虎是可怕的东西，又是可敬的东西。可怕的是因为它会食人畜。而可敬的是因其威猛无比，能够避邪。在一些古书中，如东汉应劭的《风俗通义·祀典》云："画虎于门，鬼不敢入。"又说，"虎者，阳物，百兽之长也。能执抟挫锐，噬食鬼魅。今人卒得恶遇，烧虎皮饮之。击其爪，亦能辟恶。此其验也。"古人还认为白虎是一种祥瑞："德至鸟兽"。

又由于白虎是战伐之神，所以有多位的猛将被说成为白虎星转世的，如：唐代大将罗成、薛仁贵父子等人。除此之外，白虎又被道教吸放，被神化起来，成为了各庙宇的门神。

## 南方朱雀

朱雀又可说是凤凰或玄鸟。朱雀是四灵之一，也和其他三种一样，它是出自星宿的，是南方七宿的总称：井、鬼、柳、星、张、翼、轸。联想起来就是朱雀了。朱为赤色，像火，南方属火，故名凤凰。它也

朱雀瓦当

有从火里重生的特性，和西方的不死鸟一样，故又叫火凤凰。

## 北方玄武

玄武是一种由龟和蛇组合成的一种灵物。玄武的本意就是玄冥，武、冥古音是相通的。武，是黑的意思；冥，就是阴的意思。玄冥起初是对龟卜的形容：龟背是黑色的，龟卜就是请龟到冥间去诣问祖先，将答案带回来，以卜兆的形式显示给世人。因此，最早的玄武就是乌龟。以后，玄冥的含义不断地扩大。龟生活在江河湖海，因而玄冥成了水神；乌龟长寿，玄冥成了长生不老的象征。最初的冥间在北方，殷商的甲骨占卜即“其卜必北向”，所以玄冥又成了北方神。

它和其他三灵一样，玄武也由天下二十八星宿中的七个变成的：斗、牛、女、虚、危、室、壁。

古时的人对玄武的解释有以下几种：

“玄武”即龟。《礼记》云：“前朱鸟而后玄武”，“玄武”乃龟蛇。《楚辞·远游》洪兴祖补注：“玄武，谓龟蛇。位在北方，故曰玄。身有鳞甲，故曰武。‘玄武’为蛇合体、龟与蛇交。”

《文选》卷十五张衡《思玄赋》曰：“玄武宿于壳中兮，腾蛇蜿蜒而自纠。”李善注云：“龟与蛇交曰玄武。”《后汉书·王梁传》：“玄武，水神之名。”《重修纬书集成》卷六《河图帝览嬉》：“北方玄武所生……镇北方，主风雨。”

道教兴起以后，玄武就被后世的道士们升级为北方大帝“真武大帝”了，从此有别于其他三灵。青龙和白虎，只做了山庙的门神，而朱鸟则成为天玄女。

玄武在宋代身价倍增，并被人格化。这与宋代皇帝的推波助澜分不开。宋初太祖时，即有真武、天蓬等为天之大将的传说。宋真宗天禧元年，在军营中发生了一件事，据《事物纪原》卷七载："营卒有见蛇者，军士因其建真武堂。二年闰四月，泉涌堂侧，汲不竭，民疾疫者，饮之多愈。"真宗听说此事，下诏就地建观，赐名"祥源"。这大约是中国最早的真武庙。

玄武瓦当

# 第五章

## 其他祥瑞动物

### 龟

龟是实有的动物，以其能负重、能长寿、能预知凶吉而成为中国文化的瑞兽灵物。据传说，龟在黄帝时代就从水中载着西王母的符出来交给黄帝，黄帝因此而战胜蚩尤。

木雕龟鹤

龟形象不凡，古人说它蛇身龙颈，外骨内肉，肠属于脑，以耳呼吸。龟背上的图纹神秘莫测。后秦时代有人献龟给苻坚，龟背大三尺，背版是一幅八卦图。背版还有直接形成文字的，据《尚书》说："玄龟负书处于背中"。我们还可看看如下的文字：

《法苑·五行传》曰："龟之久也，千岁而灵可，此禽兽而知吉凶。"

《柳氏龟经》曰："龟一千二百岁，

可卜天地终始。”

《白孔六帖》曰：“二百岁为一总龟，千岁曰五总龟。”

龟腹背皆有坚甲，头尾和四肢均能缩入甲内，耐饥渴，寿命长，被人们视为灵物、神物。古时人们把龟甲的上盖比作天，下盖比作地，认为龟背的纹理蕴藏着天意所授的莫测的内涵，故古人常用龟甲来占卜。如《礼统》所说：“神龟之象，上圆法天，下方法地，背上有盘以法丘山，玄文交错以成列宿……明吉凶，不言而信。”《淮南子》说：“必问吉凶于龟者，以其历岁久也。”《雒书》云：“灵龟者，玄文五色，神灵之精也。上法天，下法地。能见存亡，明于吉凶。”《宋书·符瑞志》说：“灵龟者，神龟也。王者德泽湛清，渔猎山川从时则出。五色鲜明，三百岁游于蕖叶之上，三千岁游于卷耳之上，知存亡，明于吉凶。”关于活到千岁的龟，可游走在荷叶之上的传说，《史记》作者司马迁也说他到江南游历时，听当地长老这样介绍。

神龟图

使用龟甲占卜的历史，可追溯到殷商时代。巫师取一片腹甲，钻孔，加以火烤，龟甲即出现种种不同的裂纹，通过观察这些裂纹的形状，即可判断人事的吉凶。周朝继续使用龟甲占卜，《周礼》说龟兆有玉纹、瓦纹和田纹 3 种类型，每种类型各有 120 种基本形状，断定吉凶的词句共 3600 条。

相传，龟为治理黄河水患立下了大功，天地为了报答它，给了他一万年的寿命，因此成为长寿的象征。

汉代以来，以“龟龙”比喻人中英杰。龟又是一种忠厚善良、知情知意、受恩必报的神物，民间流传着种种这类传说。龟还象征着坚定不朽。墓碑上常以龟作为装饰物。古代陵墓或庙堂的石碑下往往有石龟，称“龟驮石碑”，象征“万古长存”之意。

龟有神龟、灵龟、摄龟、宝龟、文龟、筮龟、山龟、泽龟、水龟、火龟等十数种，其背上的花纹通常称为龟纹、龟缩纹、龟甲纹等，变形达数十种之多。

古籍中还记载了各种奇特的龟。《金楼子》中说阳郡山中的巨龟，长八尺，腹下有文字，四足各由一只小龟驮着翻山越岭，仿佛穿着鞋子。《南越志》记载有一种如拳头大小的龟，金色，能爬上大树捕蝉。《广东新语》记载惠州的龟背上生出树林，望上去像是岛屿。《义兴记》提到了一种三足六眼龟。

唐鎏金银龟茶盒

龟崇拜延续到唐宋，民间继续流行以龟字为祥瑞。起名字带龟字的名人有陆龟蒙、杨龟山等。唐代妇女也还继续称丈夫为“金龟婿”。据说到了元代后，由于官方规定娼家男子一概要头戴绿巾，与龟头颜色相似，乌龟从此有了贬义的用法。当然，民间对于龟的崇拜，直到今天都还是大有市场的。善男信女们的放生，往往也喜欢首选乌龟，取的就是它的长寿和灵性。

## 狮

狮子原名狻猊，被称为兽中之王，与虎同尊，因产在师子国而得名（古时的“狮子”写为“师子”）。相传它是龙的九子中的一个。《兽经》里记：“狮子为百兽之王，每一振发虎豹折服。”《本草集解》里说，“狮子出西域诸国，状如虎而小，黄色亦如金色猱狗，而头大尾长。亦有青色者，铜头，铁额，钩爪，锯牙……怒则百兽辟易……虽死后，虎豹不敢食其肉。”《穆天子传》云：“狻猊日走五百里。”

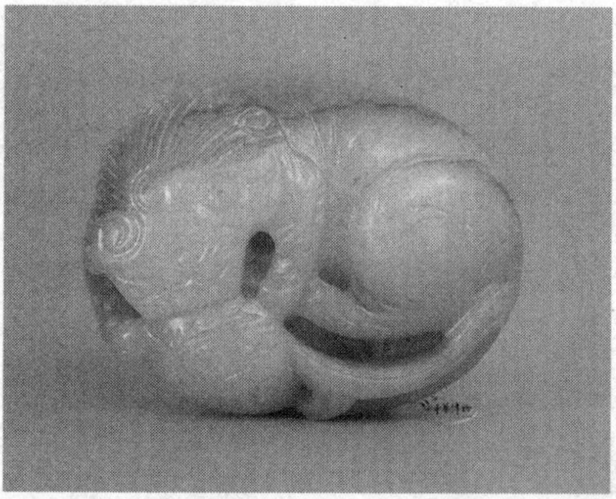

清朝狮子滚绣球佩

我国不产狮，古文献记载中的狮子显得非常神秘。狮有威严的外貌，在我国古代被视为法的拥护者。旧时官衙门前左右，多立有一对大理石狮子，其右为雄狮，右脚踩一绣球；其左为雌狮，左脚踩一小狮子。两狮共同睨视前方，也寓意太师、少师。因“狮”字多写作

“师”，故太师和少师常被民间用来借喻祝福官运亨通、飞黄腾达，以致出现形象为大小两只狮子的“太师少师”图案。

陈家祠垂脊饰有灰塑狮子

狮子在佛教中有很高地位。佛教经典喻佛为狮，《大智渡论》中说：“佛为人中狮子。”佛的坐具成为“狮子座”、“狮子床”。宋代，僧人在重阳节举行的法会名为“狮子会”。狮子还是文殊菩萨乘坐的神兽。

狮子的形象在民间应用也很广，雌雄两狮相戏绣球，叫“双狮滚绣球”。通常两狮相戏，从它们身上掉下来的绒毛滚成一个球，小狮子就从这个球里生出来了。民间把绣球视为很吉祥的物品。节庆时还流行狮子舞、舞狮等，亦被视为喜庆的象征。

此外，狮子还是驱祟避邪的吉祥物，古代陵墓中常见到狮子形象的镇墓兽和石像。不仅官府，就是民间邸宅门前柱出前端也常雕有狮子，除表示富有和权势还有镇宅之意。店铺的屋顶上也常饰有狮子咆哮的造像。

## 象

象形体魁梧，力气超群，但性情温顺，安详端庄，从而为人们所喜爱，并作为富贵和地位的象征。相传，“舜葬于苍梧，象为之耕；禹葬于会稽，鸟为之田。”（王充《论衡》）因此，人们普遍认为，象是太平盛世的一种瑞应物。《宋书符瑞志》说：“象者，山之精也，王者德泽流洽四境则出。”有关象的吉祥图案主要有“吉祥”（童子骑象形象）、“吉祥如意”（象背驮花瓶形象），表达了人们期盼太平盛世和吉祥如意的心愿。佛经中，象还是普贤菩萨的坐骑神兽。

象

鎏金太平有象

## 虎

虎勇猛威武，素称“兽中之王”。相传虎为枢星散开而形成，属阳，为“五灵”（“四灵”加上老虎，又称“五灵”）之一。中国古代敬虎为神，被列为四方神之一。

镇宅神虎图

相传张天师征服天下恶魔，是从江西龙虎山骑着老虎去的。应劭的《风俗通义》中讲：“上古有神荼、郁垒兄弟二人，于度索山树木下检阅百鬼。妄祸人者，束一苇索，执以食虎。于是县官以腊月除夕，饰桃人，垂苇索，画虎于门，效前事也。”

虎能驱妖镇宅，祛邪避灾，因此古时常以虎的兽面形装饰在青铜器、铺首、瓦当等器物上。民间尤爱把虎看作儿童的保护神，让孩子穿虎头鞋，戴虎头帽、睡虎头枕，虎的形象被塑造得既威武又笨拙可爱，便是希望孩子们能长得虎头虎脑，健壮活泼。

虎头鞋

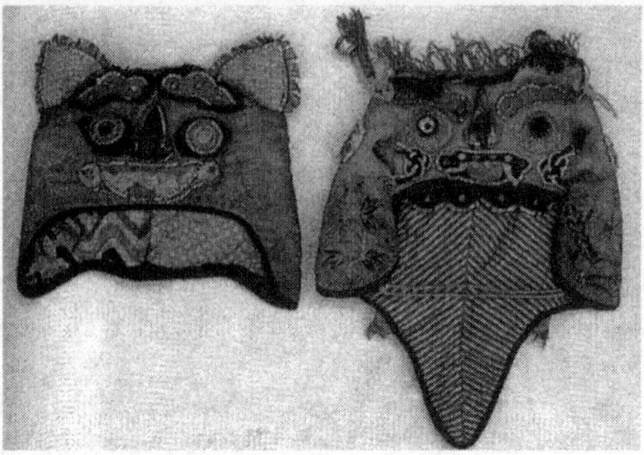

虎头帽

## 豹

豹为山林中的猛兽，其体势瘦劲矫健，毛纹绚丽多彩，古时绘绣豹纹的图案是爵禄、荣誉的象征。在赤黄色的布上绘绣豹纹的旌幡是荣誉的标志，称为“豹尾”。宋代，凡命节度使，有司配给门旗两面，龙虎旗各一面，旌一面，节一面，麾枪一杆，豹尾两尾。清代，有豹尾悬于车上的车叫“豹尾车”。豹尾是皇帝出行车队中的最后一辆。可见豹尾的高贵。明清两代，文武百官所穿的官服前胸后背均缀有“补子”，明代三品、四品武官的补子绣虎豹纹，清代三品武官的补子绣豹纹。

在民间，常画豹脚纹以避邪，古瓷中有一种“豹头枕”，传说枕用者不做噩梦，邪魔不敢近身。

## 鹿

柏鹿图

鹿崇拜在中国属于原始动物崇拜。据说鹿是瑶光散开而生成的，它能兆祥瑞。相传道家鼻祖就乘坐一只白鹿，而历代君王政通人和时白鹿才出现。《宋书·符瑞志》云："白鹿，王者明惠及下则至。"《瑞应图》亦曰："王者承先圣法度，无所遗失，则白鹿来。"后来，当人们崇拜神仙时，白鹿又被当做仙家的神畜。葛洪说"鹿寿千岁，满五百岁则其色白"，还有千年为苍鹿，二千年为玄鹿的古代神话传说，故而鹿乃长寿之仙兽。

蒙古族古代崇拜白鹿，在《蒙古秘史》一书中有白鹿与始祖神诞生的神话传说。满族中有《抓罗妈妈》鹿神神话。在养驯鹿的鄂伦春、鄂温克族和打猎的赫哲人中，鹿常常是萨满巫师的神灵，萨满常化成鹿形出现，甚至于萨满巫术中都坚信萨满的真魂可以化为鹿身斗法，鹿胜则萨满胜，鹿死则萨满生命也终结。

鹿有群处的特点，人们以此喻宾朋相聚，以"鹿鸣"喻宴会宾朋之乐。鹿字又与三吉星"福、禄、寿"中的禄字同音，因此它在有些图案组织中亦常用来表示繁荣昌盛，像蝙蝠和鹿在一起的形象构成"福禄双全"，两只鹿的形象构成"路路顺利"。

## 马

马被认为是聪明、忠诚、勇敢而耐劳的动物，具有高贵、飘逸、优雅的气质。《易经》中将马象征天，即“乾为天”。马崇拜多流行于北方游牧民族与游猎民族中，他们以马为主要乘运工具。清代文献中多有祭马神礼仪和修建马神庙的记述。另外在古代的祭天地和出师盟誓时常有以白马为祭马，认为白马属阳，为天神所驱使。青牛属阴，为地神所享用。在蒙古族、鄂伦春族、鄂温克族中都有祭天神或牲畜保护神时选神马、献神马的习俗。这种神马不准女人骑用，不准驱赶，可随处吃走，甚至可以随意在田中啃吃青苗。神马多选全白色，全尾全鬃，从不修剪，并常在鬃尾拴五彩绸作为标记。

人类养马的历史可以追溯到父系氏族时代。殷商部落的祖先已经会使用四匹马拉的车作为运载工具。相传周穆王远游，出行驾驭着八匹骏马，分别是赤骥、盗骊、白叉、逾论、山子、渠黄、华骝、绿耳（又称绝地、翻羽、奔霄、超影、逾辉、超光、腾雾、挟翼）。

奔马

马在古人心目中的地位不同一般，祭祀马神，从春秋时代开始有了记载。在民间，马神称水草马明王，又称马王爷，全国很多地区都有信仰。祭祀马神，不同时代官府多有制度，像明朝朱元璋，在南京令太仆寺住持祭祀马祖。明代还设立了“编民养马”制度，替公家养马的家庭被称为马户。此外，从汉代起，每年的农历正月初六被称为“马日”，据说这一天民间可根据天气阴晴占卜出当年养马的兴衰。

古籍中记载了多个关于马的故事。汉代时候，西域的乌孙国和大宛国都产良马，大宛产的汗血马，又称天马。汉武帝派使者赴大宛千金求购，被大宛国拒绝，汉使者辱骂他们，遭到了截杀。汉武帝大怒，即命大将军率军出征，挑起战事，历时四年，直到大宛国投降。汉军得到汗血马数十匹。隋朝，大宛国向隋文帝进献千里马狮子骢，朝发西京（今西安），暮至东洛（今洛阳）。隋朝亡后，该马下落不明，唐初皇上敕令全国范围内搜寻，最后发现它正在一家面粉店拉石磨，“骏尾焦秃，皮肉穿穴”，一代名马，落到如此下场。该马被带回京师，皇帝亲自出长乐坡迎接。后来该狮子骢产下五只马驹，都成了千里马。

## 牛

牛在上古时期是祭祀活动不可缺少的神圣物。民间传说牛是来到人间帮助人类的天上神灵，其在田野默默耕耘，给人类带来了物质财富，它身上所体现的奉献精神，也给人类以精神的财富。牛崇拜在中国各族民间都很普遍，在西北各地有公牛崇拜，在南方多水牛崇拜。史书记载战国时代的秦国已设祠专祀神牛，这是古代最早记录的耕牛崇拜。像中国的纳西族、塔吉克族、维吾尔族、哈萨克族、柯尔克孜族、撒拉族及哈尼族等少数民族都将牛视为创世神兽。苗族、土家族、布依族、侗族、白族、鄂温克族、傣族等地区亦都有祭祀神牛习俗。

牛是农耕的重要工具，因此又被奉为象征五谷丰收的吉祥物。我国古代有于立春日鞭打土塑春牛祈年的习俗。宋朝孟元老《东京梦华

五牛图

录》说："立春前一日，开封府进春牛入禁中鞭春。开封、祥符两县，置春牛于府前。至日绝早，府僚打春。"鞭春牛完毕，人们往往要用鞭碎的春牛泥土涂门，俗信可以带来好的收成。此俗即包含了牛能带来五谷丰收的观念。陈元靓《岁时广记》卷八引《皇朝岁时杂记》说："立春鞭春牛讫，庶民杂还如堵，顷刻间分裂都尽，又相攘夺，以至毁伤身体者，岁岁有之。"《本草纲目》说："春牛角上土置户上，令人宜田。"宜田，即有利于农作物丰收。鞭春牛习俗至近世演变为贴《春牛图》习俗，《春牛图》为祈求岁熟年丰的吉祥图案，深为农家喜爱，至今在一些乡村仍有传承。

## 羊

羊在中国的传统装饰中应用很多。古人把羊与祥通用，大吉羊即为大吉祥。用羊作装饰的图案中就有吉利、祥瑞的意义。古器物铭文中吉祥多作吉羊，如汉元嘉刀铭："宜侯王，大吉羊。"原因在于羊有着诸多吉祥的征兆。它不仅与古代人们的生活息息相关，而且性情温顺，被认为勤劳、善良、安宁、美好，故被人类赋予了较多灵性而成为吉祥的象征。董仲舒在《春秋繁露》中说："凡贽，乡用羔。羔饮之其母必跪，类知礼者。羊之为吉祥，故以为贽。"王

吉祥如意羊

商代双羊尊

充的《论衡》也说："獬豸者，一角之羊也。性知有罪。皋陶治狱，其罪疑，乃令羊触之。"这些记载，都对羊的性情和行为作了理性的粉饰和升华，从而使羊具有了人性的神秘特征。《玄中记》甚至认为"千岁之树精为青羊"，对羊的起源作了神秘主义的猜测。

成都著名青羊宫里，有一尊铜铸的"独角羊"，造型别致而奇特：鼠耳、牛鼻、虎爪、兔背、龙角、蛇尾、马嘴、羊须、猴颈、鸡眼、狗腹、猪臀。此铜雕集十二生肖的某一特征于一身，被人们视为吉祥物。早在秦代，当时的瓦当上刻的形象花纹，四物中就有羊（其他三种为黾、鸿、鹿），不难看出"羊"的重要性。

从实用主义角度看，羊在中国民间生活中普遍受到欢迎和重视是

四方羊尊

有理由的。它性格和善，便于驯养。它肉食鲜美，是人们餐桌上的佳肴。羊肉在中国历史上算是富贵菜。前人以“珍馐”作为美味食品的形容词，就是“精美的羊脸”之意。羞，羊脸也。古人把羊脸视为菜中上品。羊的皮毛柔韧，可制成各种柔美的高档皮革和毛纺织品，是美化人们生活的必需品。羊洁白可爱，是美的化身，中国汉字中的“美”字，上为羊，下为大，意思是“羊大为美”。羊是六畜之一，膳食的主要原料，膳与善同音同源，《说文》说，“美与善同意”，“羊，善也”。联系起来看，“羊”、“善”、“美”三个字都有“美好善良”的意思。

石刻吉祥之羊

在甲骨文中，“美”是一个耐人寻味的字。它被表述为一个人头戴羊角站在那儿，人们称之为“羊人为美”。在原始社会，羊是一种很重要的图腾。在崇拜羊的部落举行宗教仪式时，巫师便头戴羊角，跳起舞蹈，祈祷狩猎成功。由此便创造了“美”字。人们把羊作为美丽吉祥的象征物。

三羊开泰

古时，“羊”字与阴阳的“阳”也是同义字，司马迁的《史记孔子世家》中就曾有“眼如望羊”一词，意思是阳气在上，要抬头向上看，而羊这种动物眼睛就常常是向上的，这是从羊的习性上说明它与阴阳的“阳”相同。另外，阳是指阳气，为春天的象征。旧时吉语为“三阳开泰”，意为正月是泰卦，三阳生于下，冬去春来，阴消阳长，有吉祥之征，故多用于岁首祝福。吉祥图案“三阳开泰”，绘母子三只羊的纹图，母羊护子，子羊依母，充满了慈爱祥和的气氛，或者欢聚，或者仰望着光芒四射的太阳，象征春回大地，万物滋生。

每逢新春佳节，人们便贴出“三阳开泰”的红幅或斗方，意在呼唤冬去春来，阴消阳长，日新惟良，含有辞旧迎新的美意。

## 猴

猴机灵乖巧，惹人喜爱，《西游记》中美猴王孙悟空的形象深入人心，妇孺皆知。作为吉祥物，猴的形象可直接用于表达人们希望子女聪明机灵、智力过人，因而现在民间常见有猴形象的挂件、泥塑、玩具等。但在过去，猴被作为吉祥物，主要是因为“猴”谐音“侯”，

封侯挂印

象征侯爵，用以表达加官晋爵的心愿，所形成的传统吉祥图案有“封侯挂印”（猴子向树上挂印的形象）、“马上封侯”（猴子骑在马背上的形象）、“辈辈封侯”（大猴背负小猴的形象）等。

在十二生肖中，猴与人类形貌最为接近，古书中有不少关于人猴混配的传说。最有名的要数唐传奇小说《补江总白猿传》。说南朝梁欧阳纥在南征途中，其妻被神猿掠去。一个月后，欧阳纥杀死白猿，救回妻子。其间其妻怀孕，后产下一子，状类猿猴，但聪悟过人，“文学善书，知名于时”。这个故事中的神猿之子，其实影射的是唐初大书法家欧阳询，因为他的长相似猿猴，所以被人用小说加以嘲谑。这还没有完，宋代时，周去非在《岭外代答》中对这个故事作了补记，说欧阳纥杀死的白猿，猴骨葬于桂林附近的洞中，还能为妖，“每人至，必飞石，惟姓欧阳人来，则寂然”。人猿婚配的记录，《古今注》记载了蜀中采花大盗玃的故事，说“猴五百岁化为玃”，玃能感知到女性的特殊气息，会将其悄无声息地抢走。民间传说和野史中，这种故事并不少见，有雄猴抢夺民女的故事，也有雌猴喜欢人类男子的故事。托名东方朔的《神异经》、南宋周密著《齐东野语》中，都记载了母猴抢掠男子交合的故事。

在我国不少地区还流传着女神猴为人类祖先的传说。汉族地区有流传，西南一些少数民族也有流传。像傈僳族《天地人的传说》中暗示，人是猿猴所生或变来的。

## 兔

兔形玲珑柔顺，自然为人喜爱。《瑞应图》中说："赤兔者瑞兽，王者盛德则至。"不过民间最流行的有关兔的吉祥信仰是"蛇盘兔"，俗语说，"蛇盘兔，必定富。"俗信认为蛇机灵，善于敛财，兔温顺，善于守财。蛇兔是开源节流、发家致富的绝佳搭配。引申到男女婚配上去，则有"白马犯青牛，蛇兔好下了头"之说。"蛇盘兔"图案被用于表达渴望婚姻和家业兴旺的意愿，多见于民间剪纸、字画中。此外，沿海渔民还以兔为出海平安、捕鱼丰收的吉祥物。

月中有兔的传说由来已久。出土于20世纪70年代的马王堆帛画上，就有兔子的形象。说明早在帛画产生的西汉之前，就有了相关的传说。稍后又产生了嫦娥抱玉兔奔月以及玉兔为西王母捣药的故事。从此兔也成为文人雅士咏月时常联想到的意象。元代诗人称月为"兔魂"，有唐代学人誉兔为"月精"，等等。

兔被古人视为瑞兽，古代汉族很多地方大年初一有"挂兔头"以镇邪禳灾的风俗。旧时北方京津地区于中秋节还有张挂有玉兔形象的"月光纸"或设"月光马子"拜祭的习俗，兔儿爷崇拜在北京及其周边地区则从明代开始一度流行。旧时北京的中秋前后，城坊街巷的货摊上到处都是兔儿爷，大的三尺有余，小的不足一寸，兔首人身，披盔戴甲，手执药杵，活灵活现，成为当时人们尤其是儿童们的最爱。乾隆年间的杨柳青年画《桂序升平》形象地描绘了旧时小儿礼拜兔儿爷的景象。

白色的兔子尤为人们所喜爱，并被视为祥瑞之物。《后汉书》就记

兔儿爷

下了当时少数民族首领向汉皇帝贡献白兔子的故事。可见白兔子的珍稀。近代葛洪的《抱朴子》内篇卷三《对俗》甚至说："虎及鹿兔，皆寿千岁，寿满五百岁者，其毛色白。"直到宋代，白兔还是祥瑞动物。明代以后，由于从国外大量引进白兔品种，白兔才摆脱了在人们心目中的神秘感。古时白兔稀罕，红毛兔即赤兔更为少见，所以也被视为祥瑞。《宋书·符瑞志》说："赤兔，王者盛德则至。"因兔子善跑，古人喜欢用兔为马命名。像秦始皇有名马七匹，第一匹称追风，第二匹就是白兔。《三国演义》中吕布胯下的宝马叫赤兔马，时谚称“人中有吕布，马中有赤兔”，冠绝一时。该马后来成为关羽的坐骑。其实，飞兔更早时候就已是骏马的名称，战国后期的《吕氏春秋》作了记载。《宋书·符瑞志》更说：“飞兔者，神马之名也。日行三万里。”云云。

## 鹤

古时人们认为鹤为仙禽，具有仙风道骨，常为仙人所骑。道教将鹤编排为修炼升天成仙者的坐骑，制造了驾鹤成仙的传说。《唐图经》所载武昌黄鹤楼传说，说有一个叫费祎的人，在黄鹤楼学道成仙，驾鹤而去。后来，他又骑鹤返回，在黄鹤楼停留，于是，这楼就被取名黄鹤楼。后来，唐朝诗人崔颢游经此楼，还写下了千古传诵的诗句：“昔人已乘黄鹤去，此地空余黄鹤楼。”

龟鹤延年烛台

鹤有丹顶鹤、灰鹤、蓑羽鹤等多种，在中国历来被视为“羽族之长”，地位仅次于凤凰。《花镜》中记：鹤“行必依洲渚，止必集林上。雌雄相随，如道士步斗，履其迹则孕。有雄鸣上风，雌鸣下风，以声交而孕。尝以夜半鸣，声唳九霄，音闻数里。有时雌雄对舞，翱翔上下，婉转跳跃客观。”《淮南八公相鹤经》说：“大喉以吐故，修颈以纳新，故生大寿不可量。”《淮南子》说：“鹤寿千岁，以极其游。”

龟鹤齐龄

古代认为，鹤仅成长定形就需要1600年，所以被看做吉祥、长寿的象征。鹤形体超凡脱俗，举止优雅，其雪白的羽毛又容易使人联想到老寿星的满头白发，古人常用“鹤发童颜”来形容长寿者或仙人的形象。明清时期，一品文官官服上的补子，图案就是一只仙鹤。因此，仙鹤也称作“一品鸟”，是官居人臣之极的象征。

在传统的吉祥图案中，仙鹤图案所表达的主要寓意是长寿。像仅以鹤为寿的团鹤、双鹤；与其他长寿动植物配合的，如“松鹤长春”、“鹤寿松龄”、“鹿鹤同春”等。民间为老人祝寿时，晚辈要献上绘有鹤图案的祝寿图。

瑞鹤图

## 蝴　　蝶

蝴蝶的形象美丽、轻盈，往往与鲜花联系在一起，占尽春光，给人无限美感，它是中国民间喜爱的装饰形象，亦是美好、吉祥的象征。作为吉祥物，“蝶恋花”形象常用来比喻爱情和婚姻的美满、和谐。蝴蝶简称为“蝶”，“蝶”与“耋”谐音，“耋”本意是指80岁，泛指年高寿长，人们用“耄耋复归”（蝶与牡丹的形象）、“寿居耄耋”（菊、寿石和蝶的形象）等吉祥图案，祝愿健康长寿。

## 鸳　　鸯

鸳鸯又叫匹鸟，雄鸟称“鸳”，雌鸟作“鸯”，雌雄形影不离，飞则同展翅，游则同戏水，栖则交颈而眠。若其中一只遭遇不幸，另一只则终生不配。自古以来，人们就将它们作为夫妻和谐美满、忠贞不渝的象征，最迟从西汉时期，就广泛应用于吉祥图案中，古代的画稿、家具、什器、衣料、首饰、服饰、刺绣、雕刻、建筑中，随处可见鸳鸯图案。

鸳鸯图

# 孔　雀

孔雀一向被视为珍禽异鸟。《易经》里称孔雀位离火，象征文明吉祥。孔雀头上长有三根翠毛，脖子细而背高，从背到尾呈圆纹装饰，纹饰高雅漂亮，所以被称为文禽。《花镜》记云："孔雀一名越鸟，文禽也。"孔雀又被认为具备九德：一颜貌端正，二音声清澈，三行步翔序，四知时而行，五饮食知节，六常念知足，七不分散，八不淫乱，九知反复。

孔雀图

孔雀作为吉祥之物，被用作官阶与权势的象征。明朝时期，用于三品文官官服的补子，清朝则二品三品都用孔雀图案。清初，朝廷还将孔雀花翎赏给贵族大臣，作为赐恩的标志。因此，在传统吉祥图案中，孔雀或花翎不仅象征吉祥，而且还有祈祝官运亨通、加官晋爵，是官位、权势的象征。

在民间传说中，孔雀是吉祥的，能够辟邪。作为吉祥物，孔雀开屏用以表达喜庆到来、好运常在。孔雀还被作为爱情的象征，《唐书窦后传》记载，唐高祖李渊的妻子年轻时，才貌非凡，在择婿时，她的父亲在门屏上画了两只孔雀，声称谁能够射中孔雀的眼睛，就将女儿许配给他。求婚者众多，只有李渊两箭各中一目，二人因此结为百年之好。后来，人们就以“雀屏”比喻择婿，孔雀也因此成为爱情的吉祥物。

## 绶　鸟

也就是火鸡。因雄鸟喉下有肉绶，能伸缩，时时变色，故称做“绶鸟”、“吐绶鸟”。以“绶”象征绶带，绶带是一种带有颜色的丝带，古代常用来表明公侯或官吏的身份等级。绶带是复归的象征物，绶鸟也因此具有了象征富贵的寓意。又因“绶”、“寿”谐音，它也就成为长寿的象征。以绶鸟为题材祝颂长寿的吉祥图案主要有“春光长寿”（山茶花和绶鸟的形象）、“齐眉祝寿”（梅、竹和绶鸟的形象）。

## 喜　鹊

喜鹊是鹊的俗称。喜鹊被称为“神女”，被认为有感应预兆的神奇本领。《易卦》中说：“鹊者阳鸟，先物而动，先时而应。”鹊恶湿，晴则噪，故被称为阳鸟，又称乾鸟。《西京杂记》里说：“乾鸟鸣而行人至，蜘蛛集而百事喜。”由于牛郎织女鹊桥会的传说，后来人们把为男女做媒促成姻缘称为架鹊桥。

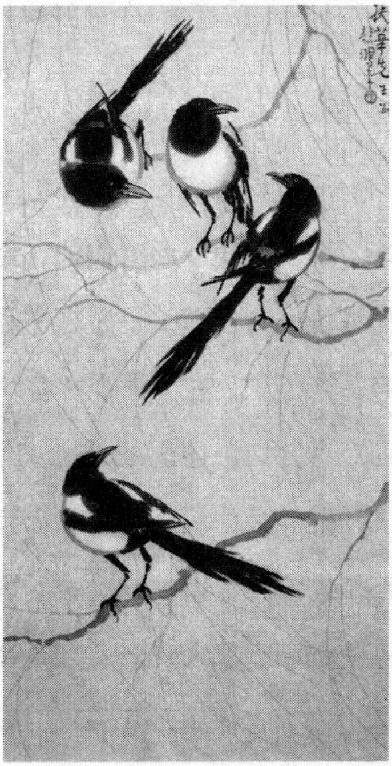

四喜图

## 鸽　　子

鸽子性恋故居，在古代被训练用来传递书信，从而被称为信鸽、传书鸽、飞奴等。我国驯养鸽子年代已久，但进入吉祥物视野，却是受到西方文化影响的结果。《旧约创世纪》记载，洪水泛滥之世，在方舟中的诺亚放出了一只鸽子，鸽子衔回来一片嫩绿的橄榄叶，诺亚才得以知道洪水已退。从此，西方人视鸽子和橄榄枝为和平的象征物。20世纪中叶，这种吉祥物开始在我国流传，表达了中国人热爱世界和平的美好愿望。作为吉祥物图案，开始用于绘画和建筑中。

## 燕　　子

燕，古代称为吉鸟。相传瑶光星散开而成为燕。是候鸟，春天北来，秋季南归，形象俊俏，翻飞轻盈，筑巢家舍，与人相处，广受人们喜爱，自古即被视为吉祥物。有关燕子的传说很多。相传南方海外有一燕子国，在南海观音菩萨的管辖之下，燕子冬天回到燕子国之后，向观音菩萨讲述所见所闻，尤其是哪一家积德行善等。到了春天燕子飞回陆地后，就会带着观音菩萨的吩咐，筑巢于吉祥之家。民间认为，燕子在谁家房屋中或屋檐下筑巢，就昭示着谁家贤惠友善、家道发达、家业兴旺、家人安康、家庭和睦。

作为吉祥物，燕子昭示着事业发达、仕途有进。明清时，进士科考在杏花盛开的季节举行，故“杏林春燕”吉祥图案成为进士及第、学业有成的象征。

此外，与鸳鸯一样，燕子成双成对，双宿双栖，共同筑巢，共同育雏，双双私语，对对欢歌，因此人们以“燕侣”、“燕俦”比喻夫妻和谐，以“双燕闹春”等吉祥图案表示婚姻美满。

## 雄　　鸡

雄鸡普通称为公鸡，神话传说中是玉衡星散开而形成的。太阳里就有一只雄鸡。古人认为雄鸡具有“文、武、勇、仁、信”五德，头顶红冠曰“文”，脚踩斗距曰“武”，见敌能斗曰“勇”，找到食物能召唤其他鸡同吃曰“仁”，按时报晓曰“信”。

相传桃都山上有一棵大桃树，盘曲3000里，树上有一只天鸡。日初出阳光刚照到这棵大树时，天鸡鸣叫，天下的雄鸡都随着鸣叫。相传天鸡脚下还有两位神仙，一位叫郁，一位叫垒，专门捉杀不祥之鬼。旧时有些地方有这样的习俗，每家养一只红冠公鸡，用以保护家中不遭火灾。

《太平御览》引《春秋说解》说：“鸡为积阳，南方之象，火阳精物炎上，故阳出鸡鸣，以类感也。”雄鸡的这种灵性使其成为一种极其重要的吉祥物。作为吉祥物，雄鸡所体现的主要吉祥观念，一是驱凶避邪，二是纳吉祈福。古代，除夕时以雄鸡画贴在门上，“以和阴阳”(《风俗通》)。现在，过年时家家宰鸡，也有辟邪之意。雄鸡祈福吉祥图案主要因“鸡”、“吉”谐音，从而有“石上大吉”（雄鸡立于石上形象)、“声声报吉”（雄鸡长鸣形象）等多种。此外，由于雄鸡鸡冠高耸，“冠”、“官”谐音，又被引申为“升迁”、“腾达”之意，从而产生了“官上加官”（雄鸡和鸡冠花的形象）、“五子登科”（一只雄鸡和五只鸡雏嬉戏的形象）等祈祝仕途顺利、后代出息之类的吉祥图案。此外，因雄鸡威武秀丽，生性好斗，又被赋予英勇的品质寓意，产生了“英雄斗志”（斗鸡形象）等吉祥图案。

## 鹌　鹑

鹌鹑为鹑鸡类雷鸟动物，雌雄有固定的配偶，起居游息，形影不离，或双双觅食，或比翼双飞，被人们视为夫妻爱情和谐、生活美好的象征。鹌鹑还有“随地而安”的特性，加之“鹌”与“安”谐音，从而被人们作为吉祥物。以鹌鹑为题材的流行吉祥图案，有“安居乐业”（鹌鹑、菊花、枫树叶的形象，“菊”谐音“居”，“叶”谐音“业”）等。

## 鹭　鸶

鹭鸶为水鸟，特性为飞翔有序，旧时以其寓百官班次。作为吉祥物，因“鹭”与“路”谐音，故有“一路连科”（鹭鸶与莲花形象）、“一路荣华”（鹭鸶与牡丹的形象）等。

## 比翼鸟

比翼鸟被古人认为有奇异特性，《尔雅》里说：“南方有比翼鸟，不比不飞。”《瑞应图》说：“王者德及高远，则比翼鸟至。”民间将比翼鸟作为吉祥物，主要是用于比喻夫妻和美。如白居易《长恨歌》吟叹的：“在天愿作比翼鸟，在地愿为连理枝。”以比翼鸟为题材的吉祥图案有“比翼双飞”（两只飞翔的比翼鸟形象），或比喻婚姻美满，或比喻兄弟、亲友等事业同进。

## 鱼

鱼是与人类关系最为密切的水生动物，也是最为流行的吉祥物之一，其身上的鳞皮被珍视为吉祥、美丽的装饰物，“鱼鳞锦”，就是传统的吉祥纹样。鱼崇拜一直在中国汉族、满族、藏族、蒙古族、白族、哈尼族、傈僳族等民族广泛流传，许多神话中都有说大地是驮在巨大的鱼背上的故事。在湖南马王堆出土的汉墓帛画上的世界图像，也把人间大地放在两条巨大的鱼之上。

上古，鱼已成为吉祥物。《太平御览》引《风俗通》说：“伯鱼之生，适有馈孔子鱼者，嘉以为瑞，故名鲤，字伯鱼。”这是说孔子的妻子生伯鱼的时候，正好有人送鲤鱼来庆贺，鱼是吉祥之物，所以就给这个刚生下的孩子取名叫鲤，取字号伯鱼。

在古人看来，鱼为瑞应之物，在于它能预示五谷丰收。《山海经·西次三经》记有一种状如鲤鱼，长有双翅、苍身白首赤喙的文鳐鱼，“现则天下大穰”。大穰，即大丰收。

鲶鱼图

在中国人的生活中，鱼还被赋予了多种吉祥意义，如富裕、生殖、情爱等，但五谷丰收始终为其基本的象征意义。至今鱼还经常作为五谷丰收的吉祥物而被绘于庆丰年图案中。

鱼被视为吉祥物，主要是

因为“鱼”与“余”谐音。鱼的种类很多，不过在吉祥图案和吉祥用语中的鱼一般专指鲤鱼、金鱼或鲢鱼等。因为“鲤”与“利”、“鲇”与“年”谐音，“富贵有余”、“连年有余”、“年年有余”等吉祥图案中的鱼大都是鲤鱼或鲇鱼。古时有“鱼化龙”、“鲤鱼跳龙门”等传说，后人多以“鲤鱼跳龙门”比喻科举得中。老百姓过年，北方农家必做面鱼，年货中也必买鱼，其意正在年年有余。人们宴请宾朋，无论在家在外，每桌酒席都忘不了点一道用鱼做成的菜，俗信认为这象征着“吉庆有余”。此外，因为有“鲤鱼跃龙门”的传说，产生了同样的成语和吉祥图案。又因为鱼产子极多，便用鱼作为家族繁衍的乞子吉祥物。

宋代民间开始在缸中玩养金鱼，人工培育的名种金鱼越来越多。人们不但家养为观赏鱼，改善环境、风水，期待改善财运，同时因“金鱼”与“金玉”谐音，形成了“金玉满堂”的吉祥图案（数条金鱼的形象）。

## 蝙　蝠

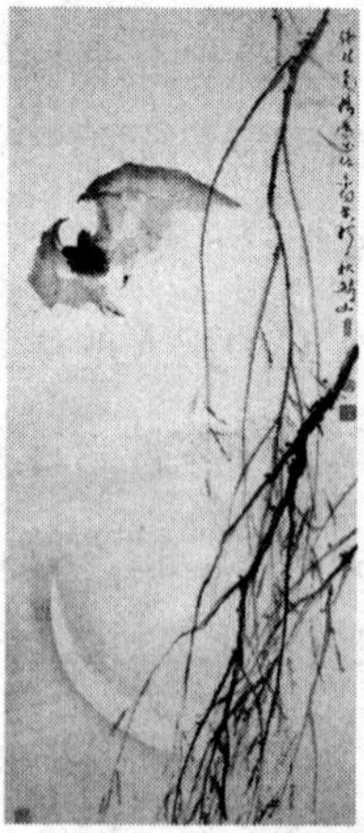
蝙蝠迎风图

蝙蝠是一种能够飞翔的哺乳动物，又叫“飞鼠”、“仙鼠”。民间相传蝙蝠为老鼠偷吃食盐而变成的。

传说蝙蝠非常机智，百鸟为凤凰祝寿聚会时，蝙蝠不去，说自己不算鸟类；后来麒麟过生日，百兽相聚，蝙蝠也不去，说自己不是走兽。这样就很机智地维护了自己的独立，独来独往不介入飞禽走兽的纷争。因“蝠”、“福”同音，所以蝙蝠成为福气、幸运的象征，人们很早就喜爱把蝙蝠作为吉祥物用于装饰艺术中。

蝙蝠的造型在我国民族传统装饰艺术中，是值得骄傲的创造。

中国人用自己丰富的想象和大胆的变形移植手法，把原来并不美的形象变得翅卷翔云，风度翩翩。蝠身和蝠翅都盘曲自如，十分逗人喜爱。

## 蟾　蜍

古代俗信蟾蜍有很大灵性，认为可以辟兵、益寿。蟾蜍中灵性最大的是三只足，成为金蟾。人们认为金蟾象征财源兴旺，家道美好，有“刘海戏金蟾”的吉祥图案。

## 蜘　蛛

蜘蛛又称亲客、喜子、喜母等，是一种预报喜事的动物。唐代即把停在墙壁上的蜘蛛称为“壁钱”。宫中妃嫔若见到蜘蛛则认为其夜必会得到皇帝的宠幸。可见蜘蛛在那时即被视为吉祥之虫，古常被称为喜虫。《尔雅疏》里记，蜘蛛俗称“喜子”。荆州河南人谓之“喜母”。此虫来着人衣当有亲客至，幽州人谓之“来客”。旧时人们一般把蜘蛛的出现视为喜兆，此虫又叫喜蛛。喜蛛从上挂下来的形象有喜从天降的意思。

## 史书中提到的祥瑞动物

《五藏山经》系帝禹时代的国土资源普查白皮书（参阅《经典图

读山海经》，上海辞书出版社)，记录有生活在4200年前的数百种动物。

文鳐鱼。《西山经》：“又西百八十里，曰泰器之山。观水出焉，西流注于流沙。是多文鳐鱼，状如鲤鱼，鱼身而鸟翼，苍文而白首赤喙，常行西海，游于东海，以夜飞。其音如鸾鸡，其味酸甘，食之已狂，见则天下大穰。”泰器山位于今日阴山山脉以南的河套一带的西面，属于沙漠中的绿洲。

文鳐鱼

文鳐鱼的故事，在《经典图读山海经》一书里是这样解释的：自然界中确实有会飞的鱼，通常产于热带或温带的海洋里，它们的胸鳍非常发达，好像鸟的翅膀一样，因此能够跃出水面，在空中长距离滑翔。但是，泰器山的文鳐鱼却不是普通的飞鱼，它们能够在夜间从西海飞到东海，在东海里畅游一番，然后又飞回来。它是一种样子像鲤鱼却又会叫出声的鱼，可能特别适应在季节河里生存。所谓“见则天下大穰”也是有道理的，这是因为每当文鳐鱼出现的时候，也正是雨水充沛的年头，而在干旱和半干旱地区，充足的雨水就意味着农作物的大丰收。

当康。《东山经》：“又东南二百里，曰钦山，多金玉而无石。师水出焉，而北流注于皋泽；其中多鱃鱼，多文贝。有兽焉，其状如豚而有牙，其名曰当康，其鸣自叫，见则天下大穰。”

钦山位于今日的山东半岛。关于钦山的当康，《经典图读山海经》解释为：钦山只有金玉却没有石头，而钦有恭敬之意，表明这是一座祭台，或者此山因有祭台而得名，祭祀的主神即当康；当康的样子像小猪，它的叫声听起来好像是“应当丰穰啊”，而它的出现则意味着农业大丰收。显然，当康是农作物的保护神。

白泽。《轩辕本纪》有神兽白泽的故事，它是昆仑山上的神兽，浑身雪白，能说人话，通万物之情，很少出没，除非当时有圣人治理天下，才奉书而至。

夔。出生于东海流破山，其形状如牛，无角，身形巨大，昏黑色，但只有一只脚支撑，也叫独脚夔。夔是一种恶兽，能发出如同日月般的光芒和雷鸣般的叫声。

朏朏。有点像狸，白色的尾巴。养之可以解忧愁。《山海经》有载。

庆忌。又名要离。泽精，人形，大概十几公分高。黄衣黄帽，称黄色小车，日驰千里。叫它的名字可使之报信（亦有捉鱼之说）。历史上也有人名（吴王僚子，猛将）、塔名为此。《管子（水地）》、《太平预览》有载。

獬豸。古代神裁制度下产生的著名神兽，又被称为“法兽”。根据《论衡》和《淮南子·修务篇》的说法它身形大者如牛，小者如羊，样貌大致类似麒麟，全身长着浓密黝黑的毛发，双目明亮有神，额上通常有一只独角，据传角断者即死，有被见到长有双翼，但多数没有翅膀。拥有很高的智慧，能听懂人言，对不诚实不忠厚的人就会用角抵触。

重明鸟。在《拾遗记》中说，尧在位 70 年，有积支之国，献明

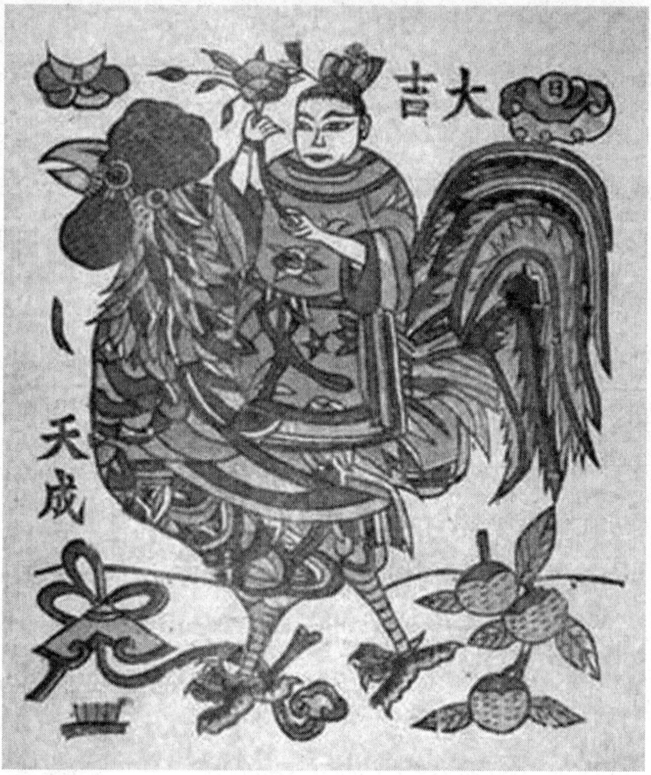


青龙瓦当

鸟，一名双晴言在目。状如鸡，鸣似凤。解落毛羽，用肉翅而飞。能抟逐兽狼，使妖灾群恶不能为害。或一年来数次，或数年都不来。国人都全洒扫门户，以留重明。如重明鸟未到的时候，国人或刻木，或造铜像，为此鸟的形象，放在明户之间，则魑魅之类，自然退伏。所以到了现在，都刻木像、造铜像或画图像，故现在画鸡于门上。

龙马。《礼记·礼运》中有河出龙图的记载。至于龙马的形象，《瑞应图》载，“龙马者，神马也，河水之精，高八尺五寸，长颈，胳下有翼，旁有垂毛，鸣声九音，有明王则见。”《汉书·孔安国传》中则这样描绘：“龙马者，天地之精，其为形也，马身而龙鳞，故谓之龙马。龙马赤纹绿色，高八尺五寸，类骆有翼，蹈水不没，圣人在位，负图出于洛河之中焉。”《周易·系辞上》和《尚书·顾命》分别记载：“河出图，洛出书，圣人则之”；“伏羲王天下，龙马出河，遂则其文以画八卦”。龙马负图而出的河流，据传是上古时期与黄河相连接的图河。河南孟津县一个叫雷河的村庄，至今有一座建于晋怀帝四年的寺院，就叫龙马负图寺。

# 第六章

## 中国生肖的十二瑞兽

十二生肖

十二生肖的十二种动物都是瑞兽，都有着美好的传说故事。人们喜爱十二生肖，并赋予其吉祥的含义。

**鼠：**聪明灵敏，与人类生活密切。民间有五鼠运财说法，民间吉祥图案有五鼠抱钱、拖钱、推钱等等的姿态。藏传佛教中财宝天王、财神等手中都握着吐宝鼠，可见鼠能带来财运。而在一些少数民族神话传说中，鼠还扮演了“创世英雄”的角色，如咬开创世葫芦、给人类带来谷种、为人类找来光明等。

**牛**：天上的太上老君的坐骑，是稳重、勤劳的象征，且吉祥辟邪。

**虎**：百兽之王为虎，虎也代表吉祥、霸气及地位。

**兔**：双兔、玉兔等，表示宁静、和平和温顺。

**龙**：传统吉祥物。

**蛇**：即为小龙。

**马**：马到成功，一马当先，要是猴骑在马上则是马上封侯，有马有龙就是龙马精神。

**羊**：三羊（阳）开泰，羊表示智慧、太平。

**猴**：灵兽，代表聪慧、健康，具有活力。

**鸡**：在中国人观念中鸡是具有“文、武、勇、仁、信”等“五德”的动物。在中国古代信仰中，鸡被认为能驱邪逐鬼，鸡鸣则太阳升起，太阳神力的转变与司晨之鸡的关系很大。作为驱邪纳吉的动物，鸡经常以除毒的形象出现；在原始信仰中，鸡也是六种祭牲之一。此外，一些传说故事中，鸡还成为财富的象征。在吉祥图案中，把鸡雕在冠花之下的代表官上加官，若一只大鸡旁有五只小鸡的代表五子登科。雄鸡打鸣又称功“(公) 名（鸣)”。

**狗**：代表忠诚，聪慧、勇敢。狗与人类关系密切，在先民的生存和发展中就起到了不可替代的作用。很多神话传说讲到狗为人类从天上找来谷种，名为盘瓠的狗与公主婚配而成为蛮族祖先，狗忠义护主等故事。狗受到人类普遍的尊崇和厚爱。

**猪**：代表财富和幸福。人类从新石器时代即开始饲养猪，古人多用猪头和猪下颌骨随葬。在民间传说中，猪是玉皇大帝豢养的神兽。因为相信猪能通神，古人祭祀天地神灵、列祖列宗所用的六种祭牲中就有猪。越到后来，猪越来越成为财富的象征，民间年画和民间玩具更是少不了猪的形象。

## 生肖的由来

作为一种古老的民俗文化事象，有关十二生肖的起源，历代学者众说纷纭。有人认为生肖与地支同源，可以追溯到史前的传说时代。《史记》中所载黄帝“建造甲子以命岁”，“大挠作甲子”就是这类说法的反映。学者们认为这里所说的甲子就是指的十二生肖。有人认为生肖最早源于我国北方的游牧民族；还有人持生肖外来说的观点，认为十二生肖是由古巴比伦传入中国的。但通过大量的文献资料证明，生肖起源于中国，是华夏先民动物崇拜、图腾崇拜以及早期天文学的结晶。

关于十二生肖的记载，现有文献资料中，以《诗经》为最早。《诗经·小雅·吉日》里有：“吉日庚午，即差我马”。意思是庚午吉日时辰好，是跃马出猎的好日子，这是将午与马相对应的例子。可见在春秋前后，地支与十二种动物的对应关系已经确立并流传。1975年，在湖北云梦县睡虎地出土的竹简，进一步证明十二生肖在春秋前后已存在。出土竹简的《日书》甲种所记十二生肖大体近似于现在流行说法。据考证，睡虎地墓下葬于秦始皇三十年（公元前217年），因此十二生肖的产生至少可以追溯到秦以前的春秋时期。学者们认为，这是迄今为止在我国发现的关于十二生肖的最早而又较系统的记载。

和今天流行的十二生肖说法完全一致的是东汉王充的记载。王充《论衡·物势》十二生肖动物谈到了十一种，唯独缺了辰龙。该书《言毒篇》说：“辰为龙，已为蛇。辰、已之位在东南。”如此，十二生肖便齐了，且与现今流行的十二生肖配属完全相同，这的确算是古文献中关于生肖的较早的最完备的记载。

到了南北朝，生肖已普遍使用，南朝《南齐书·五行志》中已经有具体的按人的出生年份称属某种动物的记载。南朝·陈·诗人沈炯，曾创作了一首十二属相诗，其言曰："鼠迹生尘案，牛羊暮下来。虎啸坐空谷，兔月向窗开。龙隰远青翠，蛇柳近徘徊。马兰方远摘，羊负始春栽。猴栗羞芳果，鸡砧引清杯。狗其怀物外，猪蠡窅悠哉。"

这首十二属相诗明显是按十二地支所配动物的顺序写成的，说明当时十二生肖已为人们所十分熟悉。

从以上文献记载可以明确生肖文化的源头在中国。依据生肖外来说的观点，生肖是汉代由中东传入中国，与佛教传入时间差不多，我们从以上文献中已证明早在春秋时期我国便有有关生肖的记载（《日书》、《诗经》），说明生肖的产生以及生肖与地支的相配是早在汉以前就产生了的，因此可以肯定生肖是产生于我国本土的一种古老文化。

部分学者认为生肖起源于原始时代的动物崇拜，认为在原始社会生产力低下、认识自然能力极其有限的情况下，对与自己生活息息相关的动物产生一种依赖感（如马、羊、牛、鸡、犬等），对危害自身安全的动物产生一种恐惧感（如虎、蛇），对一些超过人类的动物器官功能产生崇敬感（如狗的嗅觉等），导致产生对动物的崇拜。十二种生肖动物便是人们在动物崇拜的原始信仰影响下产生的。

原始人的动物崇拜还表现在傩舞等原始舞蹈上。傩大约产生于周代前后，大傩仪式中的主角是方相氏和十二神兽。驱傩舞蹈选中十二兽，是原始人对动物崇敬心理的表现。大傩仪式上选中的十二兽（或十二神）是为照应一年十二个月份，以求月月平安，驱除四方疫鬼，照应十二个方位的。对十二个方位的照应当然牵涉到十二支，于是与十二生肖挂钩，在驱傩仪式中的十二属相被派上逢凶化吉的用场。由此可以看出十二神兽、十二生肖是一脉相承的，他们共同的来源都是原始动物崇拜。

这种崇拜来源于一种顽强的生命意识，我们的祖先把人类的智能、力量、勇气、健康和魅力与动物联系了一起，获得了身心的愉悦和安稳。

## 生肖都是祥瑞动物

汉族生肖中的十二种动物的选择并不复杂，它与汉族人的日常生活和社会生活相接近，是可以猜测的。十二种生肖动物，大致可将其分为三类：

第一类是已被驯化的“六畜”，即牛、羊、马、猪、狗、鸡，它们是人类为了经济或其他目的而驯养的，占十二种动物的一半。“六畜”在中国的农业文化中是一个重要的概念，有着悠久的历史，在中国人的传统观念中“六畜兴旺”代表着家族人丁兴旺、吉祥美好。

第二类是野生动物中为人们所熟知、与人的日常社会生活有着密切关系的动物。像虎、兔、猴、鼠、蛇，其中有因为人们敬畏而介入人类生活的，如虎、蛇；也有为人们所不喜欢的鼠类，鼠之所以入选，盖因为鼠极灵敏，有着极强的繁殖能力，符合人们多子多孙的理想；更有人们所喜爱的，如兔、猴。

第三类是中国人传统的象征性吉祥物——龙。

从以上可以看出生肖动物的选择并不是随意的，而是有一定的含

高密剪纸“春牛”

虎

义，人们所选择的动物都是出于不同的角度，并带有一定意义。

## 生肖信仰

生肖本是用于纪年的一套符号，是古代天文历法的一部分，后来成为了普遍被人们认同的生肖历法。中国古代哲学观是“天人合一”、“阴阳五行为宇宙之本”，认为阴阳五行决定了世间万物的生存与发展。他们认为，日月是阴阳之源，金、木、水、火、土五行是万物之本，合为七曜。十二生肖分置于天，以纪十二辰，以七曜统之，因此十二生肖便被阴阳五行观念所浸染，成为民间宗教信仰的一部分。

道教是在我国土生土长的本土宗教，以阴阳五行为其核心教义，在阴阳五行观念的作用下，与天干、地支十二生肖等产生了天然的亲近关系。北京著名的道观白云观中有元辰殿，元辰殿又名“六十甲子殿”，为信徒向本命元辰之神祈福的殿堂。本人出生年称为本命元辰，旧时习俗礼拜本命元辰之星宿神，祈求吉祥如意，名为“顺星”。元辰殿即是礼拜本命元辰星宿神的地方，殿内现存有六十甲子神像。以甲子年为首，60 年内不同年份出生的人都能找到属于自己的本命神。

按照道教教义，修真炼性需致力于本命元辰，除去杂念私心，方能长寿永生。礼拜本命之辰，成为一种习俗流传至今，每年正月初七、初八，北京人到白云观元辰殿“祭星”，向各自的本命星辰烧香礼拜，祈求一年平安，即“顺星”，意思是即使碰到不顺利的年份，通过祈祷得到本命神的保护也可转为顺利。其殿中供的以上 60 位本命神，均为重彩泥塑，且都是座像，吸收了各自相关生肖的动物形象。60 神像的姓名有的为历史真有的人物，形象则带有明显的生肖标志，如甲子太岁金岁金辨大将军，鼠相，持桃。

从道教有关本命神、六十甲子的内容中我们可以看出生肖信仰与道教相互融合的关系，人们祭拜本命元辰之神，是为了祈求神灵的保佑，平安如意。从这里可以看出生肖已成为主宰人生命的因素，成为生命信仰的一部分。

由此，随着生肖观念在民间深入人心，生肖十二种瑞兽的属性就派生出了命运说，而且生肖影响命运的观念随着算命术的盛行在民间流传不衰。

## 其他国家的生肖动物

除了中国有十二生肖之外，其他国家也有生肖。缅甸人有八大生肖，星期一出生的人属虎，星期二出生的人属狮子，星期三上午出生的人属双牙象，星期三下午出生的人属无牙象，星期四出生的人属老鼠，星期五出生的人属天竺鼠，星期六出生的人属龙，星期日出生的人属妙翅鸟。

墨西哥的十二生肖与中国的生肖文化相同，其中虎、兔、龙、猴、犬、猪与中国完全相同，其余六种则是当地的常见动物或古代常见动物。因此，我们有理由推测，墨西哥的生肖文化是从中国传去的，并结合当地动物情况进行了调整。

埃及、希腊、巴比伦的十二生肖动物（十二兽历）基本相同，它们是牡牛、山羊、狮子、毛驴、蟹、蛇、犬、猫、鳄鱼、红鹤、猿、鹰（巴比伦生肖里没有蟹，而是有蟑螂）。这些国家或民族的生肖动物与中国的生肖动物相比，狮子相当老虎，毛驴相当马，猫取代了兔，鹰取代了鸡，鳄取代了龙，蟹和红鹤更换了老鼠和猪。

此外，印度也有十二生肖，根据印度神话《阿婆缚纱》的记载，十二生肖动物原为十二个神的驾兽，它们分别是招杜罗神的鼠，毗羯罗神的牛，宫毗罗神的狮，伐折罗神的兔，迷立罗神的龙，安底罗神的蛇，安弥罗神的马，珊底罗神的羊，因达罗神的猴，波夷罗神的金翅鸟，摩虎罗神的狗，和真达罗神的猪。不难看出，印度十二生肖的狮子相当于中国的老虎，金翅鸟相当于中国的鸡（原本为凤凰），也就是说印度的十二生肖与中国的几乎完全相同。

猫邮票

# 第七章

# 瑞兽图的变迁

历代岩画、陶塑、陶瓷器、石刻、石雕、画像石、画像砖及其他工艺美术品，留下了极其丰富的动物图案艺术遗产。尤其值得珍视的是那些经中华民族创造、发展、综合而逐渐演化成的理想化的瑞兽图案。它们被赋予吉祥的寓意，且被广泛地应用于造型艺术和装饰艺术领域，至今仍受到人们的喜爱。

中国传统瑞兽图案种类繁多，形象独特，艺术手法高超。这些富有深邃文化内涵的瑞兽图案集中地体现了中华民族非凡的艺术才能和创造精神。它以鲜明的民族风格和艺术形象，在世界艺术中独树一帜。

在中国古代草原游牧文化地区，发现了多处新石器时代岩画点，画面多为动物题材。它们形象地展示了中国古代游牧文化地区先民的生活状况：他们以原始狩猎经济为主，注意的是动物，敬畏的是动物，力求驾驭的也是动物，动物与人休戚相关。牛、羊、虎、鹿等动物与自然状貌，以及人类与它们格斗的场面，很自然地描绘在岩画之中，使我们今天能据之想象史前人类恢弘的生活情景，并观赏到远古动物的形象。

先民逐渐从原始狩猎经济向原始农业经济过渡之后，动物依然是人们生活资料的主要来源之一。在制陶工艺中，人的艺术才能得到充分显露。其中，动物形陶器与陶塑的设计和制作，表明了先民的塑造技术已达到较成熟的阶段，其造型设计开创了中国工艺设计的历程。在一些著名的彩陶器纹饰和玉雕作品中，出现了类龙形象及几种鸟形、兽形图案，考古界普遍认为，它们代表了远古先民处于萌芽期的宗教信仰和原始意识形态，除了具有辟邪与祥瑞的意义之外，很可能作为神徽或法器参与巫祭活动。

奴隶制社会的商周时代，奴隶们创造了灿烂的青铜器工艺，在中国艺术史上写下了光辉的篇章。青铜器主要用于宗教祭祀活动，成为贵族奴隶主权势和地位的象征。青铜器的工艺和造型装饰，是在新石器时代陶器工艺和造型的基础上发展起来的。其中各种动物的形象和神异的兽面纹饰，显示了卓越的审美能力和高超的技术水平。

兽面玉佩

关于兽面纹的由来，历来解说不一。兽面纹的产生可能与原始社会狩猎经济的动物崇拜、祖先崇拜和远古图腾崇拜等因素有关。这些怪异形象大概作为象征符号，指示某种超越世间的权威神力。这种纹

兽面纹门环

样对被统治者、异氏族、部落是恐怖、威吓的象征，而对统治者、本氏族则具有保护的神力。兽面纹呈现一种凝聚而静止的神秘美感，它包含的深沉、原始的宗教性观念内涵，难以用语言概括，也难以为今人理解。

中国动物图案，重视结构形式的生命感和律动感，不追求自然形体的逼真摹写，力图通过动物的跃动瞬间及内在结构来表现动物的旺盛生命力。这种审美特征在春秋战国和秦汉时期表现得尤为突出，反映出当时社会思想的剧烈变化。如中山国墓葬出土的战国青铜翼兽，就是一件划时代的作品。

翼兽形象介于龙、虎之间，昂首展翅，有腾飞之态；兽全身用银线缀成卷云纹，图案精细简练；造型气势轩昂，动感很强，为汉及南朝陵墓翼兽之先声。再如汉代金错筒器上的山云鸟兽纹图案，想象力丰富，突破了现实中的空间和比例的关系：在山峦之间，各种动物或奔腾跳跃，或展翅飞翔，展现了动物世界的魅力。

如果说商周青铜器及兽面纹呈现给我们的是一种凝聚而静止的美感，那么春秋战国及秦汉时期的动物图案则具有一种激昂跳跃的动感，

翼兽

表现出动物旺盛的生命力和雄浑气势。这种飞动跳跃，富有节奏旋律的艺术形式一直影响着后代的图案艺术。后代的图案装饰无论是动物、人物、花草纹样，无一不是着力表现对象活跃的生命感。这种审美特征在南朝、唐陵墓石兽中表现得特别突出。

“四灵”是中国人对动物的最古老的分类。人们根据动物的飞、走、行、游，羽、毛、鳞、虫和天、地、水、土等性状特征及活动范围，将它们分成鸟、兽、虫、鱼四大类别，每类找一个代表，于是产生“四灵”。四灵的形成又与古代天文学的发展联系在一起。殷代前后，古人把春天黄昏前后南方的若干星辰想象为一只鸟形。如此类推，东方为一只龙形，西方为一只虎形，北方为龟蛇形象。二十八宿体系形成后，每七宿组成上述一种动物图案，称之为“四象”。到了春秋战国，五方配五色的说法流行，“四象”也就标上了颜色，即青龙、白虎、朱雀、玄武。到汉代，又与当时流行的“五行”、“五帝”相配属，“四灵”由天象的表号，进而成为天上四方的神灵，“四灵”之说正式形成。

又由于汉代谶纬之风盛行，道教兴起，对黄老学派的信仰，人们进一步把动物神化，“四灵”又成为一种祥瑞的象征，汉代人相信它们能保护人们趋吉避凶。铜镜中常有这样的句子：“左龙右虎辟不祥”、“左龙右虎主四彭（旁）”、“上有龙虎四时宜，常保二亲宜酒食，君宜官秩家大富，乐为央，宜牛羊。”除铜镜上常有这四种动物形象，在汉瓦当、画像石，墓室壁画、帛、画、印章上也经常见到，它们一般按东南西北四个方位排列，有时也只应用其中一个。

## 石雕瑞兽

中国古代动物雕刻艺术成就较为集中地反映于历代陵墓石雕瑞兽作品中。保存到现在的历代作品为数众多，为我们探求石雕艺术的发展提供了丰富的实物资料。陵墓雕刻的初兴，可追溯到秦或更早的年代。西汉霍去病墓的大型动物石雕，为西汉时期的代表作，它突破了陵墓雕刻的格式局限，表现雄健浑朴的风格，艺术手法有高度的概括性。东汉武氏祠的一对石狮，为我国陵墓石狮造型的最早作品，形态逼真，鬣毛清晰可见。

南朝陵墓石雕尤以江苏南京、丹阳、句容等地的帝王陵墓石雕为杰出。南朝帝陵前石兽为天禄、麒麟、无鬣毛，造型俊俏优美，突出两腮长毛，奋张和鳍。永定陵麒麟造型粗壮、刚健而富力量感，目张口开，昂首挺胸，趾爪作攫物状，毛须、双翼不仅迎风飘举，且虬屈旋转，蓄力而有柔之质。南朝王侯陵前多为无角辟邪，肩部均有双翼，多做张口吐舌状，鬣毛不作细部刻画。其造型可能是承袭东汉武氏祠

南朝陵墓石天禄

石狮，不拘泥于对象的生理结构和凶猛野性，而夸张它粗壮浑厚的形体、坚实的肌肉和雄视周围的气概，追求单纯洗练的整体感和生动有力的外轮廓形体，又注重准确精致的细部刻画。

陵墓石雕瑞兽发展到唐代，雄豪壮伟达其极，充分体现了唐王朝的强大和繁荣。唐代的石兽作品集中在陕西关中一带的十八座陵墓，简称“关中十八陵”。唐代陵墓石刻是按照一定礼仪形制建立的，其中的动物瑞兽题材众多，有天禄、翼马、獬豸、犀、羊、虎、狮、鸵鸟等。形象壮丽雄健，蕴藏神采，宏大浑厚，肌腱健硕有力，将块体结构的强化与线的律动感巧妙地结合，成功地表现了神兽的高大雄伟与内在的生命力。

宋陵石雕继承唐代遗风，并逐渐转向精细刻画。立狮造型在唐代只偶尔一见，而宋代则为必设之石兽。唐代翼马已为象和角端所代替，鸵鸟为瑞禽石屏所代替。各种动物雕刻精细，形象优美，艺术手法以

石雕瑞兽

写实为主。而在写实中又注意夸张取舍，以求静中有动，寓动于静，神形兼备的艺术效果。

明清两代陵墓石雕继承宋代成就，更进一步趋向装饰性雕饰。其间明孝陵、十三陵石兽雕刻也不失为优秀的作品，但气魄已不如前朝，陵墓石雕艺术亦走向尾声。

## 玉雕瑞兽

根据目前的考古资料显示，最晚在新石器时代晚期，玉器上就已经大量出现了神兽类的纹饰，考古界普遍认为，它们代表了远古先民处于萌芽期的宗教信仰和原始意识形态。到了殷商时期，图腾崇拜的现象呈现出高度的繁荣，体现在玉器上的，便是真实与非真实的动物题材的激增。真实的动物形象有虎、兔、牛、鱼、鳖、蝉、蚕和鸟等，它们与人的现实生活密切相关，或作为装饰艺术品，或以之代表财富；而非真实的动物形象则以龙和凤为最常见。另外诸如怪鸟和神兽等异形动物也十分流行，它们大多是受古代神话传说的影响，或由食肉类的凶猛动物为原形，或以神秘而美丽的动物为蓝本摹造而来，在人们赋予其某种特定含义后，被视为珍奇和神灵的代表。

西周灭商而定都镐京后，在确立典章，颁行礼法的同时，逐渐制订了明确的用玉制度。因周族崇龙，商族崇凤，使这两种纹饰蒙上了政治的色彩，在民族文化的融合中，发展得愈见精美和崇高。但因受到严格的礼制约束，在璧、琮、圭、璋、琥、璜这六瑞作为礼仪用玉高速发展的同时，其他类型的玉器却十分缺乏创造性，异形动物类的玉器题材，也就渐渐衰微下去。春秋战国时夔、螭、虺的兴起，亦只是龙的演变和延伸而已。

但神兽题材的玉雕艺术很快迎来了再次大发展，这一波生命高潮，始于汉魏，盛于唐宋，风行元明清，影响直至今日，逐步形成了玉器家族中一个庞大而又十分有特色的体系，业内统一名之为“瑞兽”。

汉魏六朝玉器中的瑞兽形象，以辟邪、天马和飞熊为多，其中圆雕玉辟邪尤为翘楚，一般造型夸张且富于变化，面容狞厉而势态凶猛，肋生双翅，翅分前后两排羽，头上有独角或双角，张口露齿，怒目前视，四肢粗壮有力，全身充斥着强烈的霸气。

唐、宋、辽、金、元的玉雕瑞兽，在复古与创新的撞击中，发展出了另一番面貌。唐代的瑞兽，基本继承了汉魏的风格，但气势不够

宋玉雕瑞兽

马上封侯玛瑙鼻烟壶

凶猛而精美过之。宋代的琢玉技术，是传统和出新的集大成者，具有丰富的想象力和高超的技法，这个时期的瑞兽，兼有汉魏六朝的神秘气势和唐五代的装饰趣味，并且屡有新意。时而圆雕，时而镂刻，时而浮雕、阴刻、镂空三法并用，刚柔相济、神韵兼备。其造型特点是于写实中见夸张，往往综合了多种动物的特征而四皆不像。辽金两国的玉瑞兽，雕琢技法深受唐宋的影响，但风格气息上却可以独树一帜，具有强烈的民族个性，其比较流行的形象或源自于鹿，或取材于佛经。

元代在大力压制汉人的同时，却积极地推广汉人的文化，自然也就继承了宋朝的琢玉技术。但元人疆域辽阔，视野宽广，其勇于武力，叱咤战场的性格对宋金玉器艺术产生了极大的影响。气势第一，自然是元代审美的首要需求，于是宗法汉唐，变革宋金，注重神势相合，开创了一个新的境界。在玉瑞兽这个特别能体现气势与力度的题材内，更显造型夸张，刀法浑厚，个性张扬，其遒劲威猛之气，充盈至极，直追汉魏。

明清两代，瑞兽被人们赋予了更多吉祥和压胜的意义，于是也更为流行，甚至深入到了政治与生活的各个层面。

马上封侯玉雕

明代瑞兽的特点是刀法朴实，爽快有力，抛光强烈，但做工不甚讲究，常常碾磨不够平整，其器形多重大，以镇纸和摆设为主流。清代玉瑞兽多选料讲究，造型富于想象力，注重细部表现，碾琢精致，刀法多变，器表打磨圆润光亮。而且增添了许多新的吉祥意义，除了审美的情趣需求，祥瑞与压胜的作用也更为明显。如“海马负图”、“麒麟吐书”、“麒麟送子”、“狻猊呈瑞”、“瑞兽衔葵”等，都是极为流行的题材。

## 常见的瑞兽形象

龙、凤、麒麟、龟等“四灵”是中国人特别喜爱的形象，表达了中华民族特殊的审美观和创造性。

狮子本不是中国土生的动物，相传到东汉西域琉勒国才送来第一头狮子。古人以狮子为“百兽之王”，可镇百兽，能辟邪护法。在佛教中，狮子是佛法威力的象征，还常成为菩萨的坐骑。

由东汉武氏祠石狮开始，历代帝王陵墓石兽中均有狮子形象。狮子造型还广泛用于建筑、家具、器物的装饰上，古代建筑中常在门前设置石狮镇宅，以示威严，为财富、权力的象征。狮子这个外来动物形象，在中国民间艺术中很快扎下了根，受到百姓的喜爱，广泛应用在各种装饰图案中，并赋予吉祥寓意，如“太师少师”、“狮子滚绣球”、“连登太师”、“事事平安”（“狮”与“师”、“事”谐音）等等。

虎是中国土生土长的动物，在百兽之中，人们把虎誉为“山中之王”。千百年来。人们从畏忌到敬爱再奉之为神，认为它具有祛邪辟鬼的神力。据《周礼》记载，当时已有在大门上画猛虎作守门的习俗。古人又多雕石虎以镇宅、镇墓，这个习俗一直流传至今，春节期间贴的门神和窗花多有虎的形象。自古以来，称英勇善战的将军为“虎将”，少年勇士为“虎子”；武官坐椅常披上虎皮，房中常悬中堂虎画，虎符象征兵权，兵士用的盾牌常画有虎的图案；民间形容娃娃壮健，称为“虎娃”、“虎妞”。以虎为题材的器物、工艺品很多。

端午节悬艾虎的历史已有2000年以上（艾叶为一种具有除虫治病的药用植物，艾虎即由艾叶演变而成）。传说道教张天师善除妖魔，于每年五月初五骑艾虎出游，为人间除妖灭病。因而艾虎成了给人安全感的象征物。五月初五这一天，人们广泛制作艾虎以保平安。这一习俗后来还演化为给娃娃穿虎头鞋、戴虎头帽、睡虎头枕、围虎形围涎和肚兜，娃娃手里抱着的玩具也是布老虎……完全是一个虎的世界，虎成了儿童的保护神。

除以上几种主要瑞兽之外，具有吉祥喻意的瑞兽还有许多。

“辟邪”。汉代以前又称翼兽。汉代与南朝陵墓前多置辟邪石雕。为古代传说中之瑞兽，形象似狮而带双翼，古代军旗、盾牌常用辟邪图案。在民间美术中，辟邪的造型常用于房屋建筑装饰，以避邪除灾。

貔貅

辟邪又称貔貅。人们视貔貅为吉祥还有一个原因，貔貅有一个极为罕见的特点：有嘴巴，但是没有排泄器官，也就是只有进而没有出。人们希望能像貔貅一样“只有进而没有出”，招徕无尽财气。貔貅的口越大，说明挣的钱越多；肚子越圆，表示装的钱越多。

一般做偏行的人都认为“貔貅”会旺偏财，所以他们都会在公司或营业场所摆放一只貔貅，属偏行的行业有外汇、股票、金融、赛马、期货等。但对作奸犯科者不灵。

“天禄”。一种说法是麒麟中的独角者为“天禄”。《汉书·西域传》提供了另一种说法：“瑞兽符拔，似鹿，长尾，一角者为天鹿（天禄），双角者为辟邪。”南朝帝王陵前有麒麟、天禄、辟邪等，唐代帝陵前多为天禄。

“角端”。《宋书、符端志》下篇记载：角端者，日行万八千里，又晓四夷之语，明君圣主在位，明达方外幽远之事，则奉书而至。形象为狮身、独角、长尾、四爪、上唇特长（有的前伸，有的上卷），宋陵石雕有此形象。有的古籍称为“端端”，形象既不类狮，又不像虎，而为类似犀牛的有翼神兽。

“天马”。本为汉代对西域良马的称呼，后来就出现了带翼之马形的艺术造型。唐代亦称翼马，为最高统治者权威的象征，以示尊贵和祥瑞之意。唐建陵、乾陵翼马造像尤为杰出，造型与真实马形接近，双翼图案极富于装饰性。《山海经》中也有对天马的记载：“马成之山……有兽焉，其状如犬而黑头，见人则飞，其名曰天马。”这是另一种说法了。

“神羊”。帝王陵前多有置神羊。广州市别名羊城，传说周夷王时，有五个仙人骑着口衔禾穗的五只羊降落楚庭（广州别名），把禾穗赠给人们，祝人们永无饥荒，仙人即隐去，羊化为五石。后在广州五仙观，曾塑有五仙五羊像，作谷神奉祀。

金蟾。古代神话中的吉祥之物，三只脚，背负北斗七星，嘴衔两串铜钱，头顶太极两仪。俗语说：“得金蟾者必富。”故其形象寓意财源茂盛。尤其适合偏门，如彩票，股票，赌场等。

金蟾

此外还有其他许多瑞兽，如佛教艺术中的白象、鹿、九尾狐，民间神话中的玉兔、吉祥图案中的蝙蝠、仙鹤，以及十二生肖瑞兽等等。

富有吉祥喻意和深厚文化内涵的中国瑞兽图案，不但给我国古代装饰艺术增添了迷人的光彩，而且流传至今，为广大民众喜闻乐见。瑞兽图案已成为F中国人文化生活中的一个部分，毫无疑问，这一古老的传统艺术将随着时代的发展而焕发出新的活力。

## 藏地“四祥瑞图”中的四种瑞兽

《四祥瑞图》是藏族百姓至今仍最爱张贴和绘制的家庭装饰画之一，表现的是松鸡、野兔、猴子和大象和谐相处的故事。其来源据一世达赖喇嘛根敦珠巴所著的《毗奈耶经广因缘集》载，释迦牟尼在世时，有次，众比丘因应该以什么作为礼敬的标准而众说纷纭。释迦牟尼教导说应向长者礼敬，并讲说其因缘。原来有松鸡、野兔、猴子和大象在森林中和睦相处。他们以见到一棵树的生长情形的先后为标准列出长幼顺序，以松鸡为最长，下面按顺序分别为野兔、猴子、大象。从此，年幼者向年长者礼敬，并以敬语称呼长者，相处更加和谐。他们并不因此而满足，又以戒杀生、戒偷盗、戒邪淫、戒说谎、戒饮酒等“五戒”来要求自己的同类和所有动物。从此，该地风调雨顺，生态平衡，呈现出欣欣向荣的景象。该地的国王经仙人指点，得知此乃缘于四个动物倡导互敬礼让，和谐相处之风的功劳，便从此在该国也倡扬“五戒”之行，以至整个世界大多数人都遵行不悖，因而都获得往生三十三天的境界。当时的松鸡便是释迦牟尼，野兔即为舍利弗，猴子是目犍连，大象是大迦叶。释迦牟尼通过这个本生故事教导众比丘要对长者行礼、用敬语，如果不这样做就不会令众人皆奉行的佛法发扬下去，既而无法获得解脱和涅槃。实际上，释迦牟尼通过这个故事讲述了僧团和合、社会和睦以及生态和谐的重要性，而要做到这一点就必须在一个群体中长幼有序，互敬礼让，奉持“五戒”。表现这个故事的《四祥瑞图》是藏族百姓至今仍最爱张贴和绘制的家庭装饰画之一，图中所表现的伦理道德更是藏人千百年来奉行不悖的生活礼仪准则，由此发展而来的尊老爱幼、尊敬师长和有学问之人、孝敬父母、宽容谦让、知足有节、诚实自谦等美德，更成为藏人普遍具备的优秀品质。

# 第八章

# 吉祥图案与祥瑞动物

吉祥图案，即是运用谐音、嵌字、符号、象征或曰“象德”、比喻或曰“比德”等表现手法，采用传统的罨画或曰生色、球路、连锁、拱壁、汉瓦、八搭韵、四向对称连续（即“四方连续”）等传统构图式样，并用于陶瓷审美文化现象形态之上的，以表达具有福善之事、嘉庆之征等审美蕴意的装饰性图案。

在漫长的岁月里，我们的祖先创造了许多向往、追求美好生活，寓意吉祥的图案。这些图案巧妙地运用人物、走兽、花鸟、日月星辰、风雨雷电、文字等图像文字符号，以神话传说、民间谚语为题材，通过借喻、比拟、双关、谐音、象征等手法，创造出图形与吉祥寓意完美结合的美术形式。我们把这种具有历史渊源、富于民间特色，又蕴涵吉祥企盼的图案称之为中国传统吉祥图案。中国传统吉祥图案是中华民族传统文化的重要组成部分，是表现民族历史的一套完整的艺术形式。先人们通过这些直观可感的完美形式，表达对幸福美满生活和财富的向往和渴望。

随着社会的进步，人类文明的发展，人们的观念意识和审美情趣也在不断地发展变化，与之相生相伴的各种艺术形式也都打上了鲜明的时代烙印。中国传统吉祥图案作为艺术形式，同样也是人类思维和意识形态的反映。中国传统吉祥图案源于史前、始于商周，高速发展于宋元，到明清时期达到高峰。吉祥图案在各个时期都有其相对的局限性，但其发展的脚步始终未曾停歇。直至今日，传统吉祥图案仍具有极强的生命力。

下面将有祥瑞动物出现的传统吉祥图案按所表达的福善之事、嘉庆之征等题材，分作几个大类进行探究。

1. 关于“吉祥如意”、“平安吉庆”即具有“吉祥”本体意义的题材，是“吉祥图案”开宗明义的题材：

(1)“吉祥如意”

图案上通作一童子手持如意，骑在大象背上戏耍；或在大象背上戏耍；或在大象背上驮一宝瓶，瓶中插“戟”及“如意”，借“戟”与“吉”、“象”与“祥”音相谐，意为“吉祥如意”；亦有以汉字“吉祥”配如意构成纹样者。

(2)“八宝吉祥”

八宝吉祥

以“法螺”、“法轮”、“莲花”（亦称“吉祥花”）、“天盖”（亦称“白盖”）、“金鱼”、“宝瓶”（亦称“宝壶”或“舍利壶”）、“宝伞”、“盘长”（“长”一作“肠”，又称“八结”或“百结”）这八种吉祥物构成图案，每件物体上均缠有风带。寓意为吉祥如意、富贵长命。

（3）“年年如意”

图案由两条鲶鱼和如意构成图案。因“鲶”和“年”谐音，另此图案在物象的表现上将“如意”变形为“水纹”与“浪花”，如鱼在水，颇具新意。由莲花和鲤鱼组成的图案即谓“年年有余（鱼）”。

（4）“路路顺利”

以两只或数只奔鹿构成图案。“鹿”在古代被称为祥瑞之兽，“鹿”不仅与“禄”谐音，而且与“路”谐音，数鹿并驰、畅行无阻，寓意为一帆风顺，四通八达。此外，还有“岁岁平安”、“百岁平安”、“平安多吉”、“九安同居”、“年年大吉”、“室上大吉”、“安居乐业”。

（5）天中集瑞

图案由蜘蛛、枇杷、蒜、樱桃及菖蒲构成。蜘蛛、又称喜蛛，从天垂落谓喜从天降。枇杷，蔷薇科，常绿小乔木，果实圆形、黄色、味甜。蒜，即大蒜。樱桃，蔷薇科，落叶灌木，果实小，球形，鲜红色，稍甜而带酸，初夏成熟，果柄长。菖蒲，天南星科，多年生水生草本，有香气，叶狭长，花黄色，民间在端午节常编菖蒲叶以为玩具。“天中集瑞”，又叫“天中瑞结黄金果”。把几种端午节的应节物品集中起来，以寓吉祥之意。

（6）年年大吉

图案由鲶鱼、大橘子或雄鸡构成。鲶鱼，又叫鲇，体狭长侧扁，无鳞，滑而多黏质，大口大腹，嘴边有触须。“鲶”与“年”同音。

两条鲶鱼喻“年年”。橘，柑橘，“橘”与“吉”谐音，喻吉利。“鸡”与“吉”谐音，亦喻吉利。“年年大吉”，年年都是吉利充盈。

河清海晏

(7) 河清海晏

图案由海棠、燕、荷花构成。海棠取“海”字，燕与“晏”同音，平安的意思。河清，《拾遗记》：“黄河千年一清，清则圣人生于时也。”《宋史·包拯传》：“拯立朝刚毅，贵戚宦官，为之敛手，闻者皆碑。人谓包拯政比黄河清。”“河清海晏”寓意时世升平，天下大治。

(8) 鸾鸟绶带

古时绶带常系于印上，绶又有“受”之含意，承绶环印，以示官位福禄。绶带具有的吉祥、喜庆的气质，使它成为古今人们所喜爱的形象，常与好事密切联在一起出现在各种装饰上。鸾鸟绶带画一鸾口衔绶带，它象征着吉祥与高贵。

(9) 年年大吉

图由两条鲶鱼和几只橘子组成。以“鲶”与“年”、“橘”与“吉”谐音，表示年年吉祥如意的愿望。

（10）金玉满堂

金鱼和藻纹填满圆形空间。借“玉”与“鱼”谐音，“堂”与“塘”谐音，组成金玉（鱼）满堂（塘）的图案，象征富有、幸福。也比喻才能出众，学识渊博。

（11）六合同春

中国古代所指的“六合”为天、地、及东、西、南、北四方。图案借象征长寿不老的鹿、鹤同“六合”谐音，并与桐树一起组成一幅寓意普天之下，太平盛世的吉祥画。

（12）太平有象

太平有象

象力大魁伟、性灵柔顺。古传佛从天下降是乘象而来的。因它与圣人下降联系着，又谐“详”之音，因此在我国传统习俗中象代表了吉祥。在装饰上与象组成的图案很多。如“太平有象”图是象背上驮一宝瓶。宝瓶专装圣水，圣水洒向人间能带来祥瑞，它象征天下太平。因此太平有象即表示和平、美好和幸福。

又，象与如意组成图案，则是福禄康宁、美满如愿的象征，它是喜庆时人们喜爱的相互祝颂之词，称做“吉祥如愿”。

（13）连年有鱼

由莲花和鲤鱼组成的吉祥图案，借莲与连，鱼与余谐音，故称作连年有余。表示对生活优裕、财富年年富余的愿望和祝愿。

连年有鱼

（14）九阳启泰

图案由九只羊、松、竹、梅构成。这里“阳”谐音“羊”。九，泛指多数或多次。启泰即开泰。寓意走运，好兆头。“羊”古“祥”字，羊喻“祥”。九羊，吉祥如意之事，数不胜数，连绵不尽。“松”，四季常青，象征长寿。“竹”与“祝”同音，喻祝福。“梅”与“眉”同音，暗含“喜上眉梢”意。“九阳启泰”寓意福星高照，百事顺遂。又称“九阳开泰”。

九阳启泰

2. “吉祥图案”中的“福、禄、寿”及“富贵寿考”之类的题材，是民间最为广泛、最为普遍和最为喜爱的题材之一：

(1)“五福捧寿”等

均流行于明清时期。所谓“五福”即指的五种福运。语出《尚书·洪范》：“五福：一曰寿，二曰富，三曰康宁，四曰攸好德，五曰考终命。”汉桓谭《新论》另有新解：“五福：寿、富、贵、安乐、子孙众多。”通常以五只“蝙蝠”围绕一个“寿”字，组成圆形或方形图案。按“蝠”与“福”谐音，其与“寿”字组合，含有“富贵”、“长寿”之寓意。

五福图

（2）“历元五福”

旧历以冬至为一岁之始，平朔为一月之始，夜半为一日始。平朔、冬至同在之一日称“历元”。借指新年。通常以“荔枝”、“桂圆”或“铜钱”和五只“蝙蝠”构成；借“荔枝”寓“历”，借“桂圆”或“铜钱”和五只“蝙蝠”寓意“元”和“五福”。其“五福”者，亦有以“寿桃”寓“寿”，“牡丹”寓“富”，“桂花”寓“贵”，“鹌鹑”或“鹿”寓“安”或“乐”及“石榴”寓“多子”构成。“五福”之具体蕴意，从汉桓谭撰《新论》之说。

（3）“天官赐福”

亦称“受天福禄”。旧历正月十五为上元节，民间传说是天官下降，赐福人间。因以之用作民间装饰图案。通常由天官和展翅飞翔之

天官赐福

蝙蝠构成图纹。借“蝠”寓“福”。亦有天官手持字轴为纹饰者，上书“天官赐福”四字。广泛应用于民间器物绘饰雕塑及年画题材。

(4)“福从天降”

图案以“蝙蝠”、“祥云”图纹构成，喻福运临门。

(5)“福寿如意”

多以“蝙蝠”、“佛手”、“桃子”及“如意”等构成吉祥图案。亦有以“寿”字代“桃”者，用“灵芝”代“如意”者。“蝠”、“佛”均与“福”字谐音；“桃”亦称“寿桃”，象征长寿，合为图案，寓意为“福寿如意”。明清时较为流行。

(6)“福禄相连”

松鹤延年图

“鹿”被视为古代之瑞兽，有千年为苍鹿，又五百年为白鹿，复五百年化为玄鹿之说。以“鹿”与“禄”谐意，故寓“官禄”、“俸禄”及“禄位”等。“禄”即古代官吏俸给之谓。“鹿”与“蝙蝠”组成图案，组成首尾相连之环形图案，即谓“福禄相连”。其他还有与“寿桃”合为一体者，金元以后尤为盛行。1974 年松花江下游奥里米金墓出土的玉透雕牌上，即雕琢有一对赤鹿，其公鹿长角弓背，傲然伫立；母鹿则回眸凝望，温文驯顺。具有鲜明的游牧民族特点。这表明少数民族的饰物中已于宋元时期即有了吉祥图案的发端。这一观点已得到了诸多出土文物的证明。

(7) “松鹤遐龄”

亦称“松鹤同春”、“松鹤长春”、“鹤寿松龄”，画面以青松、仙鹤构成。松树长青不老，恒苍劲挺秀而延年；仙鹤传为千岁之禽，常翩跹起舞以遐龄。“松”、“鹤”均为长寿永年之物，合为一体，寓意吉祥长寿，则顺理成章。流行行于明清之际。

(8) “刘海戏蟾”

刘海为道教人物，相传其睹异人垒钱之危而悟道成仙。图案通常以刘海作童稚状，蓬发大口，身着博袖之衫，戏钓三足金蟾。因刘海被视为吉星福神，故绘饰以取富贵幸福之吉祥寓意。也有将这一图案

刘海戏金蟾图

称之为“刘海洒钱”者，借以劝喻捐弃功名，抛却利禄，粪土金钱。明无名氏《天水冰山录》记严嵩被籍没的衣物中即有“金厢大凤‘刘海戏蟾’首饰一副”。

刘海戏金蟾石雕

（9）“八仙庆寿”

亦称“群仙庆寿”、“八仙祝寿”等。传统图案有以“八仙”即张果老、吕洞宾、韩湘子、何仙姑、李铁拐、汉钟离、曹国舅、蓝采和相聚一起，把酒祝寿构成的。多用于民间男女巾帽、衣裙、挂佩、首饰等。亦有以八只“仙鹤”翩翩飞舞，借“仙鹤”之“仙”以指代“八仙”之“仙”的；另说仙人多乘鹤翱翔，云游四海，即以其坐骑之“仙鹤”而代之。另，如果八仙翘首仰望云天之中乘鹤翔翥之寿星，则称“八仙仰寿”或“八仙拱寿”。

（10）富贵耄耋

图案由牡丹、猫、蝴蝶构成。耄耋，长寿老人。“耄耋”与“猫”、“蝶”谐音、同音。“富贵耄耋”寓意长寿、健康、富有。

（11）代代寿仙

图案由绶带鸟、代代花、寿石或桃及水仙构成。绶带鸟即练鹊，雄的有羽冠，尾部有两根长羽毛，头部黑色发蓝光，背部深褐色，腹部白色，非常入画。“绶”与“寿”同音。代代花，常绿灌木，小枝细长，有短刺，叶椭圆形，花白色，有香气。代代花取“代”字。寿石、桃皆喻长寿，加水仙喻仙寿，比长寿更甚矣。“代代寿仙”，形容世代家族都能长寿。

（12）松鹤长春

图案由松、鹤构成。同“松鹤遐龄”、“松鹤延年”一样，都是祝寿之词。

（13）状元祝寿

图案由竹、香橼、绶带鸟构成。香橼，即枸橼，常绿小乔木，果实有香气，味酸苦，可药用。橼与“元”同音。“竹”、“祝”谐音。绶带鸟“绶”与“寿”同音，“状元祝寿”寓功名富贵而长寿之意。

（14）三星高照

图案：寿星老人、鹿、蝙蝠、蟠桃。三星，即指福、禄、寿三星。“鹿”与“禄”同音。禄，古代称官吏的薪给为俸禄，寓财富。蟠桃，泛指传说中西王母所居处之仙桃。相传西王母寿辰常举行蟠桃盛会，各方神仙群往祝寿。所以蟠桃又称寿桃。“三星高照”寓意幸福、富裕、长寿。

（15）正午牡丹

图案由牡丹、猫构成。牡丹向来比作花中之王，具丰腴之姿、有富贵之态。无论摆设、入画，极富丽堂皇之致。初夏正午是牡丹开得最鲜艳之时。活到八九十岁的长寿老人，俗称“耄耋”。猫与“耄”谐音，画牡丹和猫隐喻福寿双全。

(16) 春光长寿

图案由山茶、绶带鸟构成。山茶、是著名观赏花卉，在这里比喻春光。绶带鸟取“绶”、“寿”同音。“春光长寿”寓意青春不老、健康长寿。

(17) 鹤鹿同春

张乃耆　鹤鹿同春图

图案由桐、鹤、鹿构成。桐与“同”同音。“同春”，像春天一样美好。“鹤”、“鹿”都是瑞兽。隐喻“禄”、“寿”。“鹤鹿同春”祝颂长寿之词。

3. 人类对于繁衍生息、人丁兴旺的生殖现象历来是大为宣扬的，因此，以多子多孙、瓜瓞绵绵为题材的吉祥图案也是丰富多彩的：

(1) “麒麟送子”

亦称“玉麒天赐”。以童子跨骑麒麟构成吉祥图案。童子戴冠着袍，一手持莲，一手持笙；以“莲”、“笙”寓意为“连生”。意指人类理想之灵兽麒麟，于圣明之世自天而降，喜送贵子。麒麟送来的童子，长大后乃经世良材、辅国贤臣。也有的图案是童子手持莲花、如意，骑在麒麟上。民间年画还有图案是仙女抱一男孩骑于麒麟背上，谓“天仙送子”。麒麟与玉书、如意组成图案谓“麒麟祥瑞”、“麒麟如意”。流行于清代器物。

(2)“瓜瓞绵绵”

“瓜瓞”，即大瓜与小瓜，喻子孙昌茂，繁衍不息。图案通常以“蝴蝶”、“瓜”和“瓜蔓”等构成。多用于民间男女衣服、首饰及挂佩等。流行于明清时期。此外还有“福增贵子”（图案通常以“桂树”或“桂花”及“蝙蝠”来表现）等。

4. 封建社会科举考试的所谓科场得意，金榜题名，官运亨通之类的题材也是吉祥图案所包蕴的一个重要方面：

(1)“喜报三元”

图案通常以“喜鹊”栖于“桂圆”树枝上引颈鸣啾构成。磁州窑饴釉白地黑花喜鹊纹桂圆面虎枕即是一例。“桂圆”三枚，寓意“三元”。“三元”者，为封建社会科举考试的乡试、会试、殿试这三级考试的第一名：即称“解元”、“会元”、“状元”。图案亦有于三枚荔枝或三枚香橼旁绣一嘉蛛。取意相同。

(2)“一路连科”

鹭在古代属吉祥鸟，它曾是六品文官的服饰标记。在装饰上应用亦很多。鹭、芦都与路谐音，莲与连谐音，把鹭鸟与芦苇、莲花组成一幅美丽的水禽图，在吉祥图案中是寓意事业非常顺达，犹如考场接连登科。又鹭鸟与芙蓉花或荷花（中国古时文人爱把荷花称作出水芙蓉）组成的图案，是表示对将外出的人最良好的祝愿。

(3)“黄甲传胪”

亦称“二甲传胪”。明代称殿试第二、三甲第一名为传胪。至清则专称二甲第一名为传胪。“二甲传胪”即高榜中元。由于及第者名单多用黄纸书写，故又称“黄甲”。宋人华岳《王诸同舍》诗：“三举不登黄甲去，两庠空笑白丁归。”即谓此。图案通常以两只鸭子或两只螃蟹和芦苇等构成。因“鸭”、“甲”谐音，两只鸭子寓意为“二甲”；“蟹”有甲壳，亦寓意为“甲”。

(4)“杏林春燕”

杏林春燕

以“杏树”数枝或“杏花”数朵及“飞燕”一对构成图案。明清以科举取士，规定每年二月进士考试，其时正值杏花开放，故“杏花”有“及第之花”的美誉。又殿试中第者，将受皇帝赐宴。“燕”为知春瑞禽，又与“宴”谐音，寓意为“进士及第”。也用“杏林春燕”、“誉满杏林”等语称颂医家，是对多行好义、道德学问高尚的人的赞扬。

(5)“蟾宫折桂”

亦称“蟾宫桂兔”。古代科考夺魁即称“蟾宫折桂”。图案以“蟾蜍”、“桂树”及“玉兔”等构成月中仙境。

(6)状元及第

图案为戴冠童子手持如意骑龙上。冠，帽子也，冠与“官”同音。童子戴冠，长辈期望孩子长大有出息，科举成功，高中状元。骑龙，如同鲤鱼跳龙门而成龙一般，出人头地。

(7) 鲤鱼跳龙门

古代神话传说：每年春季有鲤鱼数千争赴龙门山下，鲤鱼多能跳越。而能上者为龙，不能上者则为鱼。这就是世间传说的“鲤鱼跳龙门”，以此来比喻旧时科举制下的中考者，赞美其光宗耀祖的荣耀。亦有希望得到高名硕望之意。

鲤鱼跃龙门

(8) 独占鳌头

鳌是传说中海里的大龟或大鳖。唐宋时期，宫殿台阶正中石板上雕有龙和鳌的图像。凡科举中考的进士要在宫殿台阶下迎榜。按规定第一名状元要站在鳌头那里，因此称考中状元为“独占鳌头”。图案以一品鸟仙鹤立于鳌头来象征。

(9) 功名富贵

图案由牡丹、雄鸡构成。雄鸡形体高大英武，雄赳赳颇有气概。“公”与“功”、“鸣”与“名”同音喻功名。“功名富贵”寓意仕途康庄，富贵逼人而来。

(10) 一甲一名

图案由一只鸭或蟹、芦苇构成。明清时，通过最高殿试后再分三级称三甲，一甲前三名称状元、榜眼、探花。“一甲一名”即状元。“甲”与“鸭”谐音。“鸭”寓意科举之甲也。民间艺术中，常描绘鸭子游弋水上，旁配芦苇或蟹钳芦苇，寓意中举。民俗也有对出远门的行人赠送鸭子或螃蟹者，祈祷前程远大。

(11) 凤鸣朝阳

图案中凤凰立于梧桐树旁，对着初升的太阳而鸣。这是天下太平的吉兆。也比喻高才遇良机，福星高照，将要飞黄腾达。

(12) 丹凤朝阳

图案由美丽的凤鸟向着一轮红日组成。它象征美好和光明。在中国古诗“大雅”中，把丹凤比喻贤才，朝阳比喻“明时”。后人借“丹凤朝阳”又比作“贤才逢明时”。

(13) “五子登科”

图案以一只“雄鸡”及五只“雏鸡”同处于“鸡窝”构成，相传五代燕山禹钧教子有方，五个儿子均中举人科，名扬天下。后世喻后辈学业有成、科场得意为“五子登科”。

（14）“一品当朝”

图案以“仙鹤”、“水浪”和“朝日”构成，以仙鹤为羽族之长，为文官一品“补子”之图案，有“一品鸟”之称。

（15）“官上加官”

其图案或则“鸡冠花”下立一“雄鸡”，或则“鸡冠花”下横“螃蟹”，或则“鸡冠花”下栖一“蝈蝈”，俱寓意“官上加官”。

5.“吉祥图案”之中，还有一些是与人们的社会生活条件或生存环境休戚相关、以天象、气象乃至节令作为题材的：

（1）“三阳开泰”

亦作“三羊开泰”，又称“三阳交泰”。表现方法有多种，常见者即在一方织绣太阳、流云，一方织绣山石、竹、梅各种花草，中间绣三只羊。以“羊”、“阳”谐音，加之“羊”字又是“吉祥”之“祥”的古字。故表新年伊始，万物复苏之吉祥寓意。

（2）“喜报春早”

亦称“报春光”、“喜报早春”。喜鹊栖于腊梅枝头，引颈唱鸣构成图纹。腊梅为冬季之花，通常于冬春之交开放，素有“报春花”之誉，故喻早春。俗以喜鹊为瑞禽，素有“喜鹊叫，喜事到”之民谚，以寓嘉庆之兆。

(3)“六合同春”

亦作“鹿鹤同春”。“六合”者，谓东、西、南、北及天、地六方，泛指宇宙；同春，谓共同庆贺，称颂之意。通常以”梅花鹿”、“仙鹤”、“梧桐”和“青松”构成图案。

(4)“万象更新”

“大象”驮一盆“万年青”构成图案，取国泰民安，欣欣向荣之吉祥寓意。

(5)“五谷丰登”

由北宋灯笼锦（别名庆丰年）演变而来，于莲花中安置灯笼（或宫灯），灯旁悬挂谷穗，四周有蜜蜂飞动。“灯”、“登”、“蜂”、“丰”皆谐音，取其风调雨顺，丰收吉庆寓意。

(6)“连年有余”

以“莲花”、“鲤鱼”构成图案。“莲”与“连”、“鱼”与“余”均为谐音，借寓为年年吉利、富足有余。亦有作童子持莲作抱鱼状者，寓意与此相同。

6. 表现夫妻恩爱、“并蒂同心”、“同偕到老”的题材，由祥瑞动物构成的吉祥图案也有很多。

(1) 鸾凤和鸣

鸾是中国古代传说中凤凰一类的神鸟，鸾与凤的组合常以一雄一雌为象征，比做夫妻相随。鸾凤和鸣即是比喻婚姻美满，夫妻和谐。

（2）竹梅双喜

竹梅双喜

图案由竹、梅、喜鹊构成。竹、梅，比喻“青梅竹马”。李白诗：“郎骑竹马来，绕床弄青梅。”两只喜鹊喻“双喜”。“竹梅双喜”即两小无猜，结为伴侣，夫妻恩爱，婚姻美满幸福。

（3）白头富贵

图案由牡丹、白头翁构成。民间常用来比喻夫妻和睦，生活美满，两相厮守到老。

（4）长春白头

图案由月季花、寿石、白头翁构成。“长春白头”是对和谐幸福的家庭生活、夫妻相敬如宾，同偕白首的颂词。

7. 其他，表现士人崇高气节、峻洁人品及其他主题的题材的吉祥图案尚有如下一些：

（1）一琴一鹤

图案由七弦琴、丹顶鹤构成。用“一琴一鹤”称颂为官刑清政简、廉正不阿。也用以称颂品德高尚者。

（2）鱼龙变化

“鱼龙变化”是民间流传的吉祥语言，它意味着人不发迹是时运未济，需力图上进，有待来日定能一跃龙门而飞腾成龙。此图案以鱼龙的变化来比喻贫穷者也有能变为富贵者之日，它也是表示对有志者的良好祝愿。

(3) 天马行空

古时对西域送来的良马叫“天马”。在古代神话传说中亦把天马视为能飞的神兽。因此在诗画中常把超群出众的才气，奔放豪迈的气势比作在天空任意驰骋的天马，称作“天马行空”。

(4) 云龙风虎

古时传说虎啸风生，龙腾云起。它象征着杰出人物顺应时代潮流而出现，并对人间产生巨大影响。

(5) 河图洛书

远古传说：伏羲氏时，有龙马从黄河出现，背负“河图”；有神龟从洛水出现，背负“洛书”。始祖伏羲即根据这种“图”和“书”画成八卦，创始了炎黄文化，因此古时常把龙马、神龟与图、书结合一起的图画，象征我们文化的古老源头。

# 参考书目

1. 董仲舒：《春秋繁露》，四库全书本。

2. 应劭：《风俗通义》，上海：上海古籍出版社 1990 年版。

3. 张英等：《渊鉴类函》，北京：中国书店 1985 年影印本。

4. 陈勤建：《生肖趣谈》，上海：上海古籍出版社，2005 年。

5. 刘锡诚：《象征》，北京：学苑出版社，2002 年。

6. 庞进：《八千年中国龙文化》，北京：人民日报出版社，1993 年。

7. 庞进：《中国的图章——谈龙说凤话麒麟》，西安：陕西人民出版社，2001 年。

8. 吉成名：《中国崇龙习俗》，天津：天津古籍出版社，2002 年。

9. 何新：《谈龙说凤》，北京：时事出版社，2004 年。

10. 王大有：《龙凤文化源流》，北京：北京工艺美术出版社，1987 年。

11. 乔继堂：《中国吉祥物》，天津：天津人民出版社，1990 年。

12. 吴存浩：《吉祥物古今谈》，济南：山东教育出版社，1999 年。

13. 阎云翔：《印度的那伽与中国的龙》，收入《中国比较文学》，杭州：浙江文艺出版社，1987 年。

14. 闻一多：《神话与诗》，收入《闻一多全集》，北京：三联书店，1982 年。

15. 萧春雷：《文化生灵》，天津：百花文艺出版社，2001 年。

16. 吕胜中：《再见传统》（1），北京：三联书店，2003 年。

17. 杨先让、杨阳：《黄河十四走》，北京：作家出版社，2003 年。

18. 刘毓庆：《图腾文化与中国传统人生》，北京：人民出版社，2002 年。

19. 徐杰舜：《汉族民间风俗》，北京：中央民族大学出版社，1998 年。

20. 叶春生、罗学光：《中国麒麟文化》，广州：广东旅游出版社，2004 年。

21. 丁世良等：《中国地方志民俗资料汇编》，北京：书目文献出版社，1989 年至 1995 年。

22. [奥] 弗洛伊德著，杨庸一：《图腾与禁忌》，北京：中国民间文艺出版社，1986 年。

23. [英] 弗雷泽著，徐育新等译：《金枝》，北京：中国民间文艺出版社，1987 年。

24. [美] 汤普森著，郑海等译：《世界民间故事分类学》，上海：上海文艺出版社，1991 年。